Ben Redelings

Bundesliga-Album

Unvergessliche Sprüche, Fotos & Anekdoten

Bildnachweis

Imago: Cover (3), 1, 5 (r.), 8, 12 (2; Libuda und Dardai), 18, 23, 29, 32 (l.), 33 (o.), 35, 36 (o.), 40 (o.), 45, 46, 49 (2), 52 (u.), 53 (u.), 57 (u.), 59 (o.), 61 (o.), 63 (u.), 64 (u.), 68 (l.), 77, 80, 91 (l.), 107, 111 (u.), 116 (r.), 118 (u.), 122 (u.), 125, 131, 133 (u.), 134 (o.), 136 (u.), 139 (u.), 147, 151 (o.).

Fritz Rust: 7, 62 (u.r.), 93 (o.), 103, 106, 108 (u.), 113 (l.), 119 (2), 124 (l.), 126 (u.), 138 (u.), 140, 141 (u.).

Horstmüller: 26 (l.), 65 (u.), 74 (l.), 79, 98 (o.), 123 (u.), 142, 156 (u.).

firo sportphoto: 88.

Henning Haake: 115 (o.).

Oli Hibring: 9 (u.).

Gerrit Starczewski: 115 (u.).

Jimmy Baikovicius, Flickr, lizenziert unter CC BY-SA 2.0: 73 (u.l.).

Koen Suyk, Wikimedia Commons, lizenziert unter CC BY-SA 3.0: 38 (u.).

KV 28, Wikimedia Commons, lizenziert unter CC BY-SA 3.0: 51 (u.).

Robsen86, Wikimedia Commons, lizenziert unter CC BY-SA 3.0: 71 (l.).

Nicht in allen Fällen konnte die Urheberschaft an den Fotos ermittelt werden. Der Verlag bittet um entsprechende Hinweise, um berechtigte Ansprüche abzugelten.

Bibliografische Information der Deutschen Nationalbibliothek:
Die Deutsche Nationalbibliothek verzeichnet diese Publikation in der Deutschen Nationalbibliografie; detaillierte bibliografische Daten sind im Internet über http://dnb.d-nb.de abrufbar.

Lotzestraße 22a, D-37083 Göttingen
www.werkstatt-verlag.de

Satz und Gestaltung: Mona Gaarz, Die Werkstatt Medien-Produktion GmbH
Druck und Bindung: Grafisches Centrum Cuno, Calbe

ISBN 978-3-7307-0282-6

Ben Redelings

Bundesliga Album

Unvergessliche Sprüche, Fotos & Anekdoten

VERLAG DIE WERKSTATT

PUMA
10
BERGMANN
OSBORNE
ITALIA '90
DEUTSCHLAND-BRD
OLAF THON
Das reflecta-Team
reflecta
SAMSUNG
reusch
Bodo Illgner
1. FC Köln
BORUSSIA DORTMUND
LOTHAR MATTHÄUS
BORUSSIA MÖNCHENGLADBACH
EIKE IMMEL
BVB 09
erdgas
ULI BOROWKA
BORUSSIA MÖNCHENGLADBACH
PANINI PREMIUM CARDS
Dirk Schuster
PANINI PREMIUM CARDS
Ulf Kirsten
BUNDESLIGA
Topps
MARCO SAILER

»Ich schlage vor, Sie halten sich die Augen zu. Ich sage Ihnen jetzt nämlich die Bundesligaergebnisse.«

(Johannes B. Kerner)

»Es fing schon damit an, dass der Schiedsrichter überhaupt angepfiffen hat ...«

(Hannes Bongartz)

»Ich bin ein Kind der Bundesliga. Das gibt sogar meine Mutter zu.«

(Otto Rehhagel)

Von 1982 bis 1985 trainiert Cramer Bayer Leverkusen, hier eine Autogrammkarte aus dieser Zeit.

Das »Kind der Bundesliga« beim Versuch, die Meisterschale zu verschicken (Mai 1988) und im April 1991 anlässlich seines zehnjährigen Jubiläums bei Werder Bremen auf dem Cover des »Kicker«.

»Es hängt alles irgendwo zusammen. Sie können sich am Hintern ein Haar ausreißen, dann tränt das Auge.«

(Dettmar Cramer)

»Seht zu, dass ihr Bundesligaspieler und nicht Bundeskanzler werdet. Denn dann verdient ihr mehr.«

(Gerhard Schröder zu Jugendfußballern des 1. FC Kaiserslautern)

»Ich möchte nie mehr arbeiten, sondern nur noch am Tresen stehen und saufen.«

(Erwin Kostedde)

»Brauner Bomber – brauner Benz«: Wortspiele aus einer Zeit, in der nichtweiße Spieler noch seltener waren in der Bundesliga … Erwin Kostedde ist übrigens gebürtiger Münsteraner.

»Ein Drittel mehr Geld? Nee, ich will mindestens ein Viertel.«

(Horst Szymaniak)

»Ich will an meinem rechten Fuß feilen.«

(Michael Tarnat)

»Heute knall ich mir die Birne voll, bis mir das Bier zu den Ohren rausläuft!«

(Klaus Täuber)

»Dragoslav Stepanovic hat mich mal vor einem Hallenturnier gefragt, ob ich auch schon mal Halle gespielt hätte. Als ich das bejahte, sagte er nur: ›Gut, aber heute nicht.‹«

(Jürgen Klopp über gemeinsame Zeiten bei Rot-Weiss Frankfurt)

Zwei Bundesligalegenden gemeinsam bei Rot-Weiss Frankfurt: Stepi als Trainer (mit Krawatte inmitten seiner Spieler) und Jürgen Klopp Zigarette rauchend auf dem Boden bei einer Aufstiegsfeier

Genau 42 Sekunden dauerte die denkwürdige Pressekonferenz von Klaus Augenthaler vor dem vorletzen Spiel seiner abstiegsbetrohten Wolfsburger (Saison 2006/07) gegen Aachen. Er beantwortete dabei nur seine eigenen Fragen: »Guten Tag! Meine Herren, es gibt vier Fragen und vier Antworten. Die Fragen stelle ich, die Antworten gebe ich auch. Erstens: Wie ist die Stimmung in der Mannschaft? Die Mannschaft hat hervorragend gearbeitet. Zur Taktik: Ein oder zwei Stürmer? Das liegt daran, wie die personelle Situation ist und welche Spieler verletzt sind. Zum Gegner: Aachen wird sicherlich Druck machen, darauf müssen wir vorbereitet sein. Und ob die Mannschaft dem Druck standhält? Wir haben hervorragend gearbeitet, die Mannschaft wird die Antwort auf dem Platz geben. Danke schön!«

»Die Sanitäter haben mir sofort eine Invasion gelegt.«

(Fritz Walter jun.)

»Wenn du so gerne das Fähnchen schwenkst, dann such dir doch 'nen Job am Flughafen.«

(Erik Meijer zum Linienrichter)

»So spät kann man keinen Elfmeter mehr geben.«

(Schiedsrichter Walter Eschweiler in der 86. Spielminute zu Herbert Büssers vom MSV Duisburg, der einen Elfmeter reklamierte)

»Wenn sich jemand dehnen will, soll er nach Dänemark fahren. Bei mir wird gelaufen, da kann keiner quatschen.«

(Eduard Geyer)

»Das hat in hundert Jahren noch nie jemand erreicht.«

(Roberto di Matteo bei seiner Vorstellung als neuer Schalke-Trainer auf die Frage, wie er das Schalker Umfeld bändigen wolle)

Wolf-Dieter Ahlenfelder

Es ist die berühmteste Schiedsrichteranekdote der Bundesligageschichte, und sie ereignete sich im Bremer Weserstadion. Am 8. November 1975 soll Schiri Wolf-Dieter Ahlenfelder aus Oberhausen zusammen mit seinen beiden Linienrichtern die Partie des SV Werder gegen Hannover 96 (0:0) pfeifen.

Doch zuvor sitzen die drei Offiziellen zusammen in der Vereinsgaststätte und essen zu Mittag. Ob es Kohl und Pinkel gab, wie Horst-Dieter Höttges vermutet, oder der Jahreszeit entsprechend eine Gans mit Rotkohl und Klößen aufgetischt wurde, egal, die drei speisen auf jeden Fall genüsslich, klönen ein bisschen und vergessen darüber die Zeit. Als um 14:30 Uhr Werders Schiedsrichterbetreuer Richard Ackerschott an ihren Tisch kommt und fragt, wann die Männer in Schwarz sich denn warmmachen wollen, packen sie sich an ihre prall gefüllten Bäuche. So wird das heute nichts, denken sie und wollen den Magen erst einmal mit ein oder zwei schnellen Bieren durchspülen. Das klappt gut. Die Gans beginnt zu schwimmen. Doch mittlerweile ist es schon 14:45 Uhr, und noch wollen das gebratene Federvieh, der Rotkohl und die Klöße nicht richtig absacken. Man entschließt sich, das widerborstige Essen nun härter zu bekämpfen, und bestellt neben einer neuen Runde Pils auch einen Malteser. Und weil das so gut funktioniert, wiederholen die drei fröhlichen Männer den Spaß noch ein-, zweimal und gehen dann runter zum Umziehen – schließlich steht eine Bundesligapartie auf dem Programm.

Präsident Franz Böhmert erinnert sich: »Ich kam damals in die Schiedsrichterkabine, die war maximal zehn Quadratmeter groß, und es schlug mir schon eine Dunstglocke entgegen. Ich musste einen Bericht für den DFB anfertigen und habe dann erklärt, dass der Schiedsrichter sehr erkältet gewesen sei und

unser Vereinsarzt ihm deshalb einen Hustensaft gegeben hat, und da war ein bisschen Alkohol drin. Deswegen die Fahne!«

Und auch Horst-Dieter Höttges weiß noch alles von diesem legendären Tag: »Ahli kommt vorher bei uns in die Kabine, mit nacktem Oberkörper. Unser Masseur hatte damals Geburtstag. Dem hat er gratuliert, und da habe ich gemerkt, dass ein bisschen Alkohol im Spiel war. Da habe ich ihn genommen, bei uns unter die Dusche, und habe ihn mit Wick eingerieben, den ganzen Körper. Dann haben wir ihn wieder rausgelassen und da roch der ja nach Wick.« Auch Richard Ackerschott versucht noch zu retten, was nicht mehr zu retten ist, und besorgt eine Flasche Mundwasser.

Die folgenden Geschehnisse schildert Schiedsrichter Ahlenfelder so: »Nach 30 Minuten habe ich zur Halbzeit abgepfiffen. Nicht fragen, weshalb, wieso, warum. Da hatten wir wohl einen zu viel getrunken, ich weiß es auch nicht. Ja, das ist Ahlenfelder.« Genauso ist es. Und auch heute erinnert man sich in Bremen gerne an dieses Spiel zurück, wie Ahli mal erzählt hat: »Wenn man in Bremen einen Ahlenfelder bestellt, bekommt man ein Malteser-Bier-Gedeck. Da bin ich stolz drauf.«

Cartoon von Oli Hilbring zur berühmtesten Schiedsrichteranekdote

»Das Kopfballduell, das Kevin McKenna verliert, muss noch erfunden werden.«

(Frederic Latz, Kölns Medienbeauftragter)

»Auch wenn es unter den Schnee geschissen wird – bei Tauwetter kommt alles wieder zum Vorschein.«

(Rudi Assauer zur »Aufdeckung« des Geheimvertrags zwischen Bayern München und der Gruppe Kirch-Media)

»Schiris? Da denke ich nur noch an Friedhof.«

(Udo Lattek 1992 bei seinem Kurztrip auf Schalke)

»Die Bayern vertragen keine Härte, und ich bin der Erste, der anfängt damit.«

(Thorsten Legat)

»Das größte Problem beim Fußball sind die Spieler. Wenn wir die abschaffen könnten, wäre alles gut.«

(Helmut Schulte)

Der Meister in der Klemme
Buchwald & Daum: Weg von Stuttgart
DIE NR. 1 IM SPORT
Sport Bild
1,50
MATTHÄUS Streit vor dem Traum-Tor
VOGTS Neuer Mann für Reuter
Bundesliga-Schulden: 91,7 Millionen
EISHOCKEY Berlin: Jagd auf 7 Nationalspieler
Kumpel Udo: Meine Wahrheit über Schalke
WELTMEISTER BORIS BECKER
Schläge, die kein anderer kann

Udo Lattek im November 1992 auf dem Titel der »Sport Bild«

Panini-Bild von Helmut Schulte als Manager beim FC St. Pauli aus der Saison 1996/97

»We have to be geil!«

(Joris Mathijsen)

»Metzelder, der Jogger. Wie gewohnt weiß er genau, wo er stehen muss, um nicht ins Spiel einzugreifen.«

(»Frankfurter Rundschau«)

Autogrammkarten eines »Überläufers«: Christoph Metzelder im BVB- (Saison 2000/01) und Schalke-Trikot (Saison 2010/11)

»Abschlusstraining ist wie Schwangerschaftsgymnastik.«

(Rolf Rüssmann)

»Greifen Sie zu. Seitdem die Bilanz gut ist, ist weniger Brot in den Frikadellen.«

(Roland Wulff, Präsident des Hamburger SV)

»Für die Bundesliga wünsch' ich mir: Poldi geh' zum HSV! Poldi & Ailton – das wär was. Dagegen kannst du Clever & Smart oder Dick & Doof vergessen.«

(Max Merkel)

»Den Arie Haan machen wir rund wie einen Käse und rollen ihn dann nach Holland zurück.«

(Christoph Daum)

»Der Reinhard könnte noch heute mit 'ner Einkaufstüte in der Gelsenkirchener City betteln gehen und hätte sie in 'ner Viertelstunde voll. Aber nie würde er das tun.«

(Gerd Novak, der Pächter von Libudas Tabakladen)

»Stan« Libuda im Jahr 1975 vor seinem Tabakladen

»Ich kannte den Thom schon, als der Calmund noch das Bayer-Kreuz in die Aspirin-Tabletten drehte.«

(Winfried Schäfer, der von Calli als Fußball-Experte angezweifelt wurde)

»Dass Bayern München mal absteigt!«

(Rolf Töpperwien im Stadionheft von St. Pauli auf die Frage nach seiner sportlich größten Hoffnung)

»Der spielt so, wie er aussieht: richtig fies!«

(Frankfurts Markus Schupp über seinen Mitspieler Matthias Dworschak)

»Gegen Wolfsburg ist der vierte Offizielle zu mir gekommen und hat gesagt, wenn ich das noch zwei-, dreimal mache, gehe ich auf die Tribüne. Da habe ich gesagt, wenn die Kollegen weiter so pfeifen, gehe ich freiwillig.«

(Hertha-Trainer Pal Dardai)

Autogrammkarte von Pal Dardai als Spieler (Saison 2000/01) und wütend während des DFB-Pokal-Halbfinals 2016 als Trainer

»Gelegentlich versaut er mir mit seinem Gesundheitsgefasel am Tisch selbst den Genuss des herrlichsten Essens!«

(Bayer-Manager Reiner Calmund ist sauer auf seinen Trainer Christoph Daum.)

»Horst Heldt hat anscheinend während der Sommerpause in der Sonne gewohnt. Den könnt ihr jetzt von der Gesichtsfarbe her auf eine Stufe mit Salou und Guié-Mien stellen.«

(Jan Åge Fjørtoft über seinen Frankfurter Teamkollegen Horst Heldt)

»Fußball ist wie eine Frikadelle – man weiß nie, was drin ist.«

(Martin Driller)

»Diego Klimowicz – ein Name wie Winnetou Koslowski.«

(Manfred Breuckmann)

Spielte von 2001 bis 2010 in Deutschland (Wolfsburg, BVB und Bochum): der Argentinier (mit spanischem Pass) polnischer Abstammung und italienischem Vater, Diego Fernando Klimowicz.

»Ich habe mich von meiner Kompetenz beirren lassen.«

(Thorsten Legat als Trainer des Landesligisten FC Remscheid)

Autogrammkarte aus der Saison 1988/89

»Wenn wir gut spielen würden, hätten wir Punkte.«

(Daniel Didavi vom VfB Stuttgart nach einem 1:2 bei Hertha BSC, der vierten Niederlage im vierten Saisonspiel)

Starschnitt
Günter Eichberg

»Ehe ich überhaupt eine Summe sagen konnte, hatte Eichberg schon das Doppelte geboten.«

(Peter Neururer über die »Gehaltsverhandlungen« mit seinem Präsidenten auf Schalke)

Günter Eichberg erzählt, was beim Transfer mit Radmilo Mihajlovic im Sommer 1991 schiefging: »Irgendwann war ich es mal leid, da habe ich gesagt: ›Pass mal auf, Mic, gib das Formular mal her. Ich unterschreib jetzt den Vertrag und habe das Handgeld offen gelassen. Ich gehe jetzt auf die Toilette, und wenn ich wiederkomme, hast du da eine Zahl eingesetzt und unterschrieben oder eben nicht.‹ Und als ich dann wiederkam, habe ich gesehen, dass er eine Zahl eingesetzt hatte, die eher in der Nähe dessen war, was ich mir in unserem Gespräch so vorgestellt hatte – nicht das, was er gedacht hatte. Erst drei Tage später habe ich dann bemerkt, als ich mir das noch einmal angeguckt habe, dass dieser kleine Sausack ein Dollarzeichen davor gemacht hatte. Da war dann nichts mehr zu machen, und das wurde auch bezahlt und irgendwann vergessen. Vergeben aber bis heute nicht.«

Für skurrile Coverfotos war Günter Eichberg immer zu haben – egal ob Würstchen essend (Februar 1991) oder zusammen mit »Oskar« Siebert auf einem Kamel reitend (Januar 1992).

Im Sommer 1991 schnappt Schalke Frankfurt in letzter Minute den Dänen Bent Christensen weg – und das kam so, wie sich Günter Eichberg erinnert:

Ungewöhnliche Farbkombination: eine gelb-schwarze VIP-Dauerkarte auf Schalke, ausgestellt für Günter Eichberg

»Bent hat in dem Jahr Eintracht Frankfurt und Bayer Leverkusen im Alleingang durch sechs oder sieben Tore aus dem UEFA-Cup geschossen. Er war begehrt bei vielen europäischen Vereinen, bei denen bestimmt viel mehr Geld da war als bei Schalke 04. Durch geschickte Taktiererei und viele Gespräche, die wir da geführt haben in Kopenhagen, ist es uns gelungen, denen allen eine lange Nase zu zeigen. Ich kann mich noch genau daran erinnern, dass wir einen Vertrag hatten, den Bernd Hölzenbein bereits fix und fertig für Eintracht Frankfurt ausgehandelt hatte. Wir sind dann selbst nach Kopenhagen gefahren und haben genau diesen Vertrag in der Nacht mit den Leuten von Bröndby im Hotel durchgearbeitet. Überall dort, wo Eintracht Frankfurt stand, haben wir Schalke 04 hingeschrieben, und weil die Frankfurter nur Ratenzahlung machen wollten, haben wir das durchgestrichen und Barzahlung hingeschrieben. Und was soll ich sagen: Das hat denen von Bröndby wohl irgendwie gefallen!«

Der Litauer Ivanauskas (Autogrammkarte der Saison 1994/95) spielte von 1993 bis 1997 für den HSV in der Bundesliga.

»Ich dachte, es geht um Profifußball und nicht um schöner wohnen.«

(Wolfsburgs Trainer Willi Reimann ist enttäuscht, dass HSV-Stürmer Valdas Ivanauskas nicht kommt, weil seine Frau nicht in Wolfsburg leben will.)

»Atouba hat heute wieder ein Bewerbungsschreiben an Zirkus Krone abgeschickt.«

(HSV-Boss Bernd Hoffmann über die Kabinettstückchen des Außenverteidigers)

Autogrammkarte der Saison 1999/2000, in der Udo Lattek ein kurzes Gastspiel auf der BVB-Trainerbank gab

»Die brauchen Eier. Und einen, der ihnen da mal kräftig reintritt.«

(Udo Lattek über die anhaltend schwachen Auftritte der vermeintlichen Starspieler des BVB)

»Wenn die Kacke einmal am Dampfen ist, dann kommt man in einen Negativtrend.«

(Fredi Bobic)

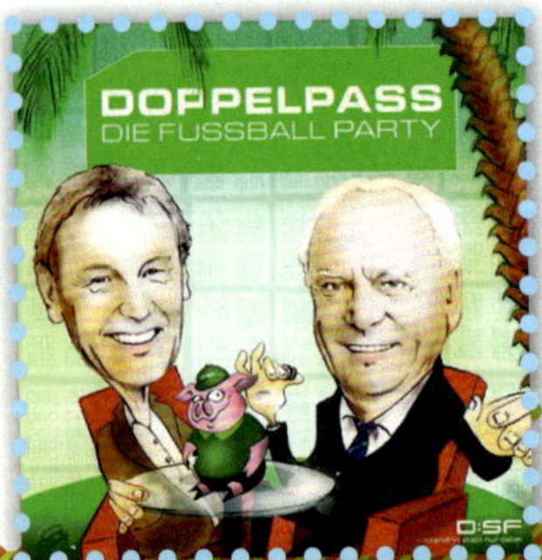

»Wenn ich FIFA-Präsident werden kann, kannst du die Champions League gewinnen.«

(FIFA-Präsident Gianni Infantino im ZDF zum Mainzer Trainer und Schweizer Landsmann Martin Schmidt)

»In Homburg können keine großen Schiffe anlegen, mehr will ich dazu nicht sagen!«

(Jimmy Hartwig über den Unterschied zwischen Homburg und Hamburg)

Lars Ricken Ende 1996 auf dem Cover des BVB-Magazins »Borussia Live«

»Wenn ich sehe, was der Junge spielt, muss ich sagen: Da habe ich früher eine andere Sportart betrieben.«

(Lars Ricken über Mario Götze)

»Wir wollten unbedingt einen frühen Rückstand vermeiden. Das ist uns auch gelungen. Der VfB Stuttgart hat in den ersten zweieinhalb Minuten kein Tor geschossen.«

(Bernd Krauss)

»In der Nacht vor dem Spiel träume ich bestimmt nicht von Claudia Schiffer oder Linda Evangelista. Da sehe ich eher Jens Nowotny oder Marko Rehmer vor mir.«

(Rudi Völler)

»Jeder darf sein Leben bestimmen.«

(Ingolstadts Alfredo Morales ein wenig philosophisch zur ungewissen Zukunft von Trainer Ralph Hasenhüttl Ende der Saison 2015/16)

Ralph Hasenhüttl spielte von 1998 bis 2000 für den 1. FC Köln in der 2. Bundesliga, 2015/16 trainierte er den Bundesliga-Aufsteiger aus Ingolstadt, im Sommer 2016 wechselte er zum Liganeuling RB Leipzig.

Starschnitt Reiner Calmund

Reiner Calmund zu Willi Lemke: **»Man Willi, du siehst ja echt aus, als sei 'ne Hungersnot ausgebrochen!«** Lemkes Antwort: **»Und du siehst so aus, als seiest du schuld daran!«**

»Im Fußball ist es wie im Eiskunstlauf – wer die meisten Tore schießt, der gewinnt!«

»Ich war selbst Jugendtrainer, bevor ich den Medizinball verschluckt habe.«

»Der flinke Dicke.«

(Auf die Frage, wie er sich selbst als Pornodarsteller nennen würde)

»Wenn wir ins Münchner Olympiastadion kommen, stinkt es immer nach Scheiße – so voll haben wir die Pampers.«

An Karneval können auch Kölner und Leverkusener miteinander – Hauptsache Rheinländer: Lukas Podolski und Reiner Calmund beim Rosenmontagsumzug in Köln im Februar 2012.

Werder Bremens Profispieler Uwe Reinders, ein Mann des lockeren Lebenswandels, macht ein überraschendes wie unglaubliches Geständnis: »Bis zu meinem 20. Lebensjahr habe ich keinen Tropfen Alkohol angerührt. Dann musste ich wegen Schlafstörungen zum Arzt. Der stellte fest, dass ich wegen der großen Mengen Cola, die ich in mich hineinschüttete, nachts immer aufwachte. **DER ARZT EMPFAHL MIR BIER ALS SCHLAFMITTEL.**«

Schalkes Präsident Günter Eichberg möchte ein Jahr nach der WM 1990 den Kameruner Lambadatänzer Roger Milla verpflichten. Doch leider klappt der Transfer nicht. Eichberg: **»Der ist im Busch verschwunden.«**

»Torkönig« Klaus Fischer auf dem Cover der »Fußballwoche«

»Ich war schon fünfmal Tor des Monats.«

(Klaus Fischer)

»Herzlichen Glückwunsch an Marco Kurz. Seine Frau ist zum zweiten Mal Vater geworden.«

(Thomas Häßler)

»Ich hab gleich gemerkt, das ist ein Druckschmerz, wenn man draufdrückt.«

(Lothar Matthäus)

Auch der »Kicker« vom 10. Juli 1995 berichtet vom Druck, der auf Matthäus lastet.

Sammelbild zur Saison 1986/87

»Ich hatte vom Feeling her ein gutes Gefühl.«

(Andreas Möller)

»Schalke, das ist ja wie im Kaufhof mit der Mutti.«

(BVB-Profi Burkhard Segler hat sich in der Saison 1976/77 immer noch nicht an die Rolltreppe gewöhnt, die im Gelsenkirchener Parkstadion aus den Katakomben aufs Spielfeld führt.)

»Wenn wir hier nicht gewinnen, dann treten wir ihnen wenigstens den Rasen kaputt.«

(Rolf Rüssmann)

»Es könnte mir einen Punkt besser gehen.«

(KSC-Trainer Winfried Schäfer auf die Frage, wie es ihm gehe)

»Zu meiner Frau habe ich ein Vater-Sohn-Verhältnis.«

(Oliver Reck)

Autogrammkarte aus der Saison 19986/87

»Den konnte er nicht reinmachen. Der war noch so mit Küsschen, Küsschen-Verteilen beschäftigt vom 2:2, dass der Fokus halt nicht auf dem 3:2 war.«

(VfB-Trainer Alexander Zorniger im Oktober 2015 nach einem 2:2 in Hoffenheim über Timo Werner, der in der 90. Minute das 2:2 erzielte, danach aber noch eine Großchance liegengelassen hatte)

»Die Brusttasche des Schiedsrichters ist wie ein Toaster. Bei jedem Tackling springt eine Gelbe Karte raus.«

(Kevin Keegan)

Der Bochumer Jürgen Köper wird am 5. Februar 1977 in der Partie des VfL beim MSV Duisburg (0:0) sehr schwer verletzt. Das große Talent des VfL erinnert sich noch genau an diesen Moment: »Es war im Duisburger Stadion, als Pirsig und ich in einen Zweikampf gingen. Es kam zu einem Pressschlag, bei dem ich ein Knacken hörte. Mir war sofort klar, dass einem von uns beiden etwas passiert sein musste. Als Pirsig aufstand, konnte es folglich nur mich getroffen haben!«

Titelheld Basler: Im August 1996 bei der »Bravo Sport«, im Mai 1997 bei der »Sport Bild«

»Ich habe immer gesagt, mich interessiert nicht, wer spielt. Hauptsache ich spiele.«

(Mario Basler)

»Rehhagel geht mit Goethe ins Bett, ich mit meiner Frau.«

(Friedel Rausch)

»Wenn ein Giovanni Trapattoni Deutsch lernen kann, dann kann ich das auch.«

(Carlo Ancelotti, nachdem bekannt wurde, dass er zur Saison 2016/17 neuer Trainer beim FC Bayern wird)

Starschnitt
Horst Hrubesch

»Ein Pärchen wie Pit und Klärchen«, nennt Otto Rehhagel die beiden HSV-Spieler Horst Hrubesch (1,88 m) und Jürgen Milewski (1,71 m). Die beiden nehmen das Größengefälle mit Humor. Wenn Milewski mal wieder seine Leibspeise Kartoffelpuffer mit Apfelmus isst, schüttelt Hrubesch den Kopf und sagt: »Jürgen, hau dir lieber ein paar Steaks in den Magen, dann wächst du vielleicht noch. Du bist ja fast ein Liliputaner.« Das lässt sich Milewski natürlich nicht unwidersprochen sagen und kontert: »Langer, wenn ich noch wachse, bist du vielleicht deinen Posten los – und das möchte ich nicht!«

»Der konnte zwar nicht geradeaus laufen, aber Flanken hat der mit dem Kopf aus 20 Metern reingehauen.«

(Manni Burgsmüller über Horst Hrubesch)

HSV-Stürmer Horst Hrubesch ist nicht gut auf den Bochumer Verteidiger Lothar Woelk zu sprechen: »Der Woelk dürfte den Rasen normalerweise nur mit einem Waffenschein betreten. Der tritt auf alles, was sich bewegt.«

HSV-Mitgliedermagazin im Dezember 1978

Was für eine Meisterfeier in Hamburg in der Saison 1981/82! Der englische Doppeldeckerbus erweist sich als altersschwach und will nicht anspringen. Als er dann endlich fährt, wirft ihn gleich die erste Anhöhe aus der Bahn. Hilft ja alles nichts: also, alle HSV-Profis raus, das Gefährt anschieben. Doch nach wenigen Metern ist klar, hier geht nichts mehr. Ein Traktor tuckert zu Hilfe und zieht den Bus durch die Straßen. Ernst Happel gewohnt argumentativ trocken: »Hätten wir während der Saison auch immer solche Schwierigkeiten gehabt, wieder übern Berg zu kommen, wären wir jetzt nie Meister!« Und als dann auch noch die Ampeln plötzlich zu tief hängen und ein besorgter Polizist die Profis warnt, meint Horst Hrubesch nur: »Keine Angst, die köpf ich alle weg!« Da stört es am Ende auch nicht mehr, dass einige Jacketts nach einem Eier-Bewurf von Punkern geopfert werden müssen. Eins der Eier bekommt Hrubesch auch noch direkt vor die Stirn. Seine Mannschaftskollegen grinsen: »Mensch, Horst, jetzt ist aber auch mal gut. Du musst doch nicht alles mit dem Kopf nehmen.« Nur einer lächelt den ganzen Tag komplett gelassen vor sich hin: Franz Beckenbauer. »Ich bin schon oft Meister geworden in meinem Leben, da genießt man das mehr innerlich!«

29. Mai 1982: Horst Hrubesch und Jimmy Hartwig präsentieren die Meisterschale.

»Hoffer ist ein Panzertyp mit Jennifer-Lopez-Arschbacken – oder auch Shakira-Arschbacken.«

(Der Frankfurter Ümit Korkmaz über seinen Mitspieler Erwin Hoffer)

»Im Moment nicht. Yeboah und Chapuisat sind besser drauf.«

(Kölns Uwe Fuchs auf die Frage, ob die Nationalmannschaft ein Thema sei)

»Nee, Renault!«

(Jürgen Wegmann ohne Umschweife auf die Frage, ob er sich einen Wagen mit oder ohne Katalysator gekauft habe)

Jürgen Wegmann spielte gleich zweimal für den BVB (dazwischen für Schalke und die Bayern), von 1984 bis 1986 und 1989 bis 1992.

»Dass wir heute verloren haben, ärgert mich noch viel mehr, als dass ich morgen Geburtstag habe!«

(Trainer Jörg Berger)

»Stellt euch vor, die wollten mir einfach ein Bein adoptieren.«

(Fritz Langner, der legendäre Trainer und Spieler der Oberliga West)

»Zu die Pressetische.«

(Hinweisschild im Gelsenkirchener Parkstadion)

Eike Immel spielte von 1978 bis 1986 für den BVB, bevor er zum VfB Stuttgart wechselte.

»An einem Samstag.«

(Eike Immel auf die Frage, wann er zum letzten Mal für Borussia Dortmund gespielt habe)

»Als Schwalbe würde ich es mir verbitten, mit Möller verglichen zu werden.«

(Dirk Schuster, damals Karlsruher SC, nach Andy Möllers berühmter »Schutzschwalbe«)

Autogrammkarte von Dirk Schuster aus seiner Zeit beim KSC, wo er von 1991 bis 1997 spielte

Sergej Gorlukowitsch spielte von 1989 bis 1992 beim BVB.

»Mit dem Namen können wir ihn nicht eindeutschen.«

(Manager Michael Meier über Sergej Gorlukowitsch in Zeiten, als nur zwei Ausländer in der Bundesliga erlaubt waren)

»Da laufen wahrscheinlich morgen in der 2. Liga bessere Spiele.«

(Frankfurts Stefan Aigner nach einem 0:0 bei Hertha BSC)

»Ich kann dat nich mehr hörn! Man, die Bayern müssen beim Kacken doch auch die Arschbacken auseinandermachen.«

(Hermann Gerland)

»Wir sollten alle den Calli mal umarmen … oder es zumindest versuchen.«

(ZDF-Reporter Rolf Töpperwien rührselig beim Anblick Reiner Calmunds)

»Wenn bei uns der Platzwart mit dem Rasenmäher umfällt, ist das eine Riesenschlagzeile. Größer, als wenn bei manch anderem Verein ein Spieler sich das Kreuzband reißt.«

(Thomas Strunz über den FC Bayern München)

»Früher, da gab es noch einen wie Katsche Schwarzenbeck. 460 Bundesligaspiele, kein Ballkontakt. Der dachte 20 Jahre lang, so'n Bein wächst nach.«

(Atze Schröder)

»Der Stürmer muss das Hecheln im Ohr haben. Das kann sehr unangenehm sein.«

(Jürgen Kohler)

Zu Hause ist er dafür ganz entspannt: Jürgen Kohler mit Freundin Michaela Fahrian im Oktober 1987.

»Wo ich bin, klappt nichts – aber ich kann nicht überall sein.«

(Erich Ribbeck)

Alle gegen Ribbeck – auch Beckenbauer

DIE NR. 1 IM SPORT

Sport Bild

1,50

MIT TV Sport

EXKLUSIV-INTERVIEW: Der Bayern-Trainer über seine Taktik-Probleme

Rehhagel: Fußball ist nichts für Dumme

Dortmund: Der Rummenigge-Schwindel

Der Fall Kruse: Die Karriere eines Amok-Läufers

US-Sport Football-Start

NEU

Alle lieben Franzi. Wo steht Boris?

US OPEN Neues von Goellner

Ribbeck im September 1993 auf dem Cover der »Sport Bild«

Originelles Titelbild des Vereinsmagazins, um den Holländer 2005 beim HSV willkommen zu heißen

»Ich habe mich schon verbessert, wir sind nun Vorletzter – das ist meine Aura.«

(Trainer Thorsten Fink nach einem eher verhaltenen Start mit dem HSV)

»Ich kann mich selber nicht mehr hören, immer die gleiche Scheiße zu erzählen.«

(HSV-Kapitän Rafael van der Vaart nach einer 1:3-Niederlage in Augsburg)

»I look not back, I look in front.«

(Lothar Matthäus)

Zum Coverboy der »Bravo Sport« (Januar 1997) hat es trotz schlechter Frisur gereicht …

»Was mich in den letzten Tagen am meisten beschäftigt hat, ist meine Frisur. Und die ist scheiße.«

(Mehmet Scholl)

»Vom Franz sind schon Interviews veröffentlicht worden, wenn er Selbstgespräche führte.«

(DFB-Pressechef Wolfgang Niersbach über Franz Beckenbauer)

»Es bleibt unten schön kuschlig in der Region, in der wir uns befinden. Kuschlig ist Gott sei Dank nicht so schlecht im Leben – vor dem Kamin. In der Tabelle eher ungünstig.«

(Hoffenheims Trainer Julian Nagelsmann über den Abstiegskampf in der Saison 2015/16)

Legendärer Auftritt des Robert Wieschemann

»Die notwendige Delikatess wahren!«

»Ich bin ja einverstanden, wenn Sie Ihren Spaß haben«, sagte am Mittag des 18. August 2002 der sichtlich irritierte Aufsichtsratsvorsitzende des 1. FC Kaiserslautern, Robert Wieschemann, beim »DSF-Doppelpass«. Und gelacht wurde viel an diesem denkwürdigen Tag, als der Lauterer Rechtsanwalt mit manch unfreiwillig komischer Äußerung gleichermaßen für Verwirrung wie für Erheiterung sorgte.

Der FCK-Chef plaudert in einer seltsamen Mischung aus Nervosität und Offensivdrang Vereinsgeheimnisse aus, als handele es sich hierbei um die »Bild«-Schlagzeilen der letzten Woche. Vorstand Atze Friederich wolle sowieso zurücktreten – wovon dieser allerdings nichts gewusst haben will – und deshalb werde man seinen Rauswurf, so Wieschemann, ganz »honorig« lösen. Fragen nach einem Nachfolger wehrte der Aufsichtsrat auf sonderbare Weise ab: **»Man muss hier die notwendige Delikatess wahren. Und bitte, ich kann es nicht ändern. Wenn Sie wollen, dass ich den Namen preisgebe, so ist das Ihr gutes Recht, aber es ist nicht Ihre …«** (Der Satz endete mitten im Nichts.)

Legendär auch folgende Ausschnitte des Gesprächs: **»Wir brauchen Klose überhaupt nicht zu vergeben. Also, der ist bei uns in sicheren Tüchern«**, und: **»Die Sprachlosigkeit von Andi Brehme ist eine Gesundung, nee, Entschuldigung, ist eine Fehlerhaftigkeit im Sein.«** Als Wieschemann schließlich zugab: **»Wir haben eine anormale Satzung«**, konterte Karl-Heinz Feldkamp: »Von dir ausgearbeitet«, und Wieschemann bestätigte treuherzig: **»Ja, von mir ausgearbeitet!«**

Robert Wieschemann

Höhepunkt des Tages war allerdings folgender Gesprächspart:
Wieschemann: **»Wir haben zweifellos Schwierigkeiten mit der Umsetzung dessen, was geplant ist. Und wir haben eine ... Wie soll ich sagen? Wir haben eine ...«** Brückner: »Frei raus!« Wieschemann: **»Ja. Wir haben ein Defizit an ...«** Karl-Heinz Feldkamp: »Mitarbeit?« Thomas Herrmann: »Kommunikation?« Wieschemann: **»Kommunikation. Ja! Wir haben ... ich wiederhole jetzt meinen Satz von vorhin: Wir haben ein Defizit an Durchblick und ... ja ... an Durchblick!«** Brückner: »Wer hat den? Sie als Aufsichtsrat?« Wieschemann: **»Nein, wir haben ein Defizit an Durchblick – alle! Und wir sind total be ...«** Brückner: »... beschränkt in der Überlegung, was Fußball angeht. Oder was wollen Sie sagen?« Wieschemann: **»Ja!«**

»Es gibt Leute, die dumm sind, und es gibt Leute, die denken beim Sprechen nach. Ihr könnt euch aussuchen, zu welcher Kategorie Basler gehört!«

(Bruno Labbadia)

Die Szene ist so berühmt, dass sie es sogar auf Dieter Paulys Biografie »Abpfiff« geschafft hat.

Ein Foto geht um die Welt. Köln spielt in Dortmund (2:2), Schiedsrichter Pauly und Torwart Schumacher stehen Nase an Nase und giften sich an. Schumacher brüllt Pauly an: »Pfeif nicht so einen Scheiß!« Der Schiedsrichter tritt noch einen Zentimeter näher an Schumachers Gesicht heran und brüllt zurück: »Wenn hier einer schreit, dann bin ich das, Herr Toni. Sie gehen sofort zurück in Ihr Tor, und die Gelbe Karte nehmen Sie gleich mit!«

Während der Schiedsrichter Pauly sein Buch »Abpfiff« nannte, wählte Schumacher für seine Biografie den Titel »Anpfiff«.

»Jeder Wetterbericht ist interessanter als ein Interview mit Heynckes.«

(Christoph Daum)

»Manchem Journalisten möchte man mitunter zwar für seine Erscheinung, nicht aber unbedingt für sein Erscheinen danken.«

(Hennes Weisweiler)

Hennes Weisweiler im Dezember 1971 auf dem Cover des »Kicker«

»Ich bin wohl der Einzige, der sich über den Euro freut: Jetzt bin ich nur noch der 3-Millionen-Euro-Fehleinkauf!«

(Marco Reich)

»Carsten Jancker, ein Kerl wie ein Baum. Wenngleich er wenig Blätter auf dem Kopf hat.«

(Holger Pfandt, Kommentator)

»In Köln haben sie vier Tage lang die Geschäftsstelle abgeschlossen und jede halbe Stunde eine Flasche Sekt entkorkt, als sie den Toni Polster für 1,8 Millionen Mark nach Gladbach verkauft hatten.«

(Hans Meyer)

Friedhelm Funkel ist seit 1973 fast ununterbrochen in den ersten zwei Ligen unterwegs, als Spieler (Autogrammkarte 1985/86, Bayer 05 Uerdingen) oder als Trainer – u. a. beim 1. FC Köln (»Geißbock-Echo« vom Saisonstart 2002/03), Hertha BSC (Autogrammkarte 2009/10) und VfL Bochum (Autogrammkarte 2010/11).

»Die Situation ist bedrohlich, aber nicht bedenklich.«

(Friedhelm Funkel)

»Ich weiß heute ganz genau, dass ich älter geworden bin als wie vor zehn Jahren!«

(Der MSV-Spieler Helmut Rahn)

»Man muss nicht immer die absolute Mehrheit hinter sich haben, manchmal reichen auch 51 Prozent.«

(Christoph Daum)

»Geißbock-Echo« vom 13. Mai 1989

»Wenn du heute in die Fußgängerzone gehst, musst du aufpassen, dass nicht jeder Dritte dich anspricht und dir einen Spieler andrehen will.«

(Ewald Lienen)

»Die Liste meiner Stärken ist länger als eine Klopapierrolle.«

(Kölns Michael Kostner, der seinen Sohn tatsächlich »Kevin« nannte, leidet nicht an zu wenig Selbstbewusstsein.)

»Der Weg über den Zaun führt ins Krankenhaus.«

(Schild am Außenzaun des alten Schalker Stadions)

Anthony Modeste nach dem Pokalspiel in Meppen im Sommer 2015 in Spendierlaune

»Sie wollten es haben, dann habe ich es ihnen gegeben.«

(Kölns Stürmer Anthony Modeste zog sich nach seinem Dreierpack im DFB-Pokal beim SV Meppen (4:0) bis auf die Unterhose aus.)

»Er hat mir jeden Tag Sprachnotizen geschickt. Leider war auch viel Blödsinn dabei.«

(Kevin Großkreutz nach seinem Wechsel zu Galatasaray Istanbul über seinen neuen Teamkollegen Lukas Podolski)

Coverstory über Großkreutz in der »11 Freunde«

»Spielt ihr gegen Dortmund mit Andreas Möller oder wollt ihr gewinnen?«

(Rudi Brückner, Kommentator, zu Olaf Thon)

»Es kann doch niemand behaupten, dass Sex am richtigen Ort zur richtigen Zeit Schaden anrichtet.«

(Tomasz Waldoch)

Liebesspiele auf Schalke während der Feier über den DFB-Pokalsieg 2001: Tomasz Hajto (Mitte) beim Versuch, seinen Mannschaftkollegen Tomasz Waldoch zu verführen. Rudi Assauer guckt sich das Schauspiel belustigt an.

»Vielleicht haben sich die Deutschen gegenüber Gott schlecht verhalten. Deshalb hat er sie mit der Kälte bestraft.«

(Ailton)

»Das Ailton-Magazin« zum Abschiedsspiel im September 2014

»Meine Kontoauszüge!«

(Erik Jendrisek auf die Frage nach seiner Lieblingslektüre)

»Geht nach Hause und macht viele, viele Mitglieder für den FC!«

(Toni Schumacher, Vizepräsident des 1. FC Köln, während einer Saisoneröffnung auf der Bühne zu den 40.000 Fans)

»Der Trainer hat gesagt, ich hätte muskuläre Probleme.«

(Jermaine Jones auf die Frage, warum Felix Magath ihn nicht aufgestellt habe)

Jermaine Jones …

Starschnitt

Andreas Brehme

»Uns steht ein hartes Programm ins Gesicht.«

»Also bei mir geht das mit dem linken Fuß genauer und mit dem rechten fester! Auf die Torwand schieße ich mit dem rechten.«

(Im »aktuellen sportstudio«)

Andreas Brehme während seiner ersten Lauterer Zeit (1981 bis 1986).

»Wenn der Mann in Schwarz pfeift, kann der Schiedsrichter auch nichts mehr machen.«

Dressman für Sakkos: Andy Brehme

»Haste Scheiße am Fuß, haste Scheiße am Fuß!«

»Zum Glück ist die Mannschaft nach dem Spiel besser ins Spiel gekommen.«

»Ich habe gesehen, dass die Mannschaft 90 Minuten auf dem Platz war.«

»In der ›Tennis Bar‹ sind einige Bundesligagrößen ein- und ausgegangen. Und die kamen nicht nur wegen der Musik. Ich kann mich noch an einen Abend mit Andi Brehme und Lothar Matthäus erinnern. Die waren eigentlich beste Freunde, aber am Ende so besoffen, dass die sich aufm Klo gesiezt haben.«

(Michael Krätzer, ehemaliger Bundesligaspieler des 1. FC Saarbrücken)

»Von der Einstellung her stimmt die Einstellung.«

»Andi hat ein sonniges Gemüt. Seine Defizite liegen hauptsächlich im menschlichen Bereich«.

(Axel Roos, Teamkollege beim FCK)

»Ich bin immer höflich. Auch zu anderen Leuten.«

»Andreas Brehme, der lange Jahre seiner Karriere als Filigrantechniker so viel galt wie Rambo Stallone als Charakterschauspieler.«

(»Hörzu«)

»Kaiserslautern hat schon wieder fünf Tore kassiert. Die Zahl fünf verfolgt Andi Brehme seit der Schulzeit«.

(NDR-Reporter Uwe Bahn)

Andreas Brehme kurz nach seinem Wechsel zum FC Bayern im Sommer 1986

»Was er macht, ist unglaublich. Ich genieße es von hinten.«

(Khalid Boulahrouz zu seiner Zeit beim HSV über seinen Mitspieler Rafael van der Vaart)

Rafael van der Vaart

»Die Alte ist trotzdem unheimlich in Ordnung! Ich habe sie kennengelernt, als ihr Zahnarzt mir das Esszimmer neu tapeziert hat. Kerstin merkte sofort, dass ich bei der Behandlung ein bisschen Schiss hatte. Sie hielt mir ganz lieb das Händchen.«

(Rudi Assauer über seine neue 24-jährige Lebensgefährtin, die als Zahnarzthelferin arbeitet)

DIE WELT zur Startseite machen

Abo Shop TV-Programm

Suchen...

Home Politik Wirtschaft Geld Sport Wissen Panorama Kultur Reise Motor Regionales Meinung

IN DEN NACHRICHTEN: Hameln | Boston | Euro-Krise | Uli Hoeneß | Robert Lewandowski

Home › Sport › Fußball › Bundesliga › FC Schalke 04 › Schalker Huntelaar scheißt bei Comeback den HSV ab

FC Schalke 04

Aktualisiert vor 1 Minute · Dreierpack

Schalker Huntelaar scheißt bei Comeback den HSV ab

Nach siebenwöchiger Verletzungspause hat sich Stürmer Klaas-Jan Huntelaar eindrucksvoll zurückgemeldet. Der Holländer schoss drei Tore gegen den HSV und festigt so Schalkes dritten Tabellenplatz.

ARTIKEL EMPFE...

E-Mail

Kommentare

Gelungene Überschrift bei welt.de

»Er wird am Wochenende keinen Elfmeter schießen. Mittlerweile ist die Quote so, als ob unser Zeugwart schießen würde. Da gehen wir keine Kompromisse mehr ein.«

(Schalkes Trainer André Breitenreiter Ende April 2016 über seinen holländischen Starstürmer Klaas-Jan Huntelaar)

Hansi Müller zu Ernst Happel: »Trainer, wir müssen miteinander reden.« Happels Antwort: »Wann S' red'n wollen, müssen S' Staubsaugervertreter werden. Ich brauche nur Fußballer.«

»Das wissen nur der liebe Gott und der Trainer. Und mit beiden spreche ich momentan nicht.«

(Dieter Schatzschneider auf die Frage, ob er von Trainer Ernst Happel im nächsten Spiel eingesetzt werde)

Sammelbild von Dieter Schatzschneider aus seiner Zeit beim HSV (1983) und eine Autogrammkarte von heute

»Boah, das ist aber eine fiese Frage. Die kann ich doch nicht beantworten. Nimm die sofort wieder zurück, Mensch.«

(Armin Veh auf die Frage, ob er den HSV-Trainer Veh entlassen würde)

»Nach außen ist er introvertiert.«

(HSV-Stürmer Mladen Petric über seinen Mitspieler Zé Roberto)

»Ich habe keine Ahnung, aber egal, wo auf der ganzen Welt du auch ›Scheiß Schalke‹ schreist – es steht immer irgendjemand auf und haut dir aufs Maul.«

(Comedian Bernhard Hoëcker auf die Frage, wie viele Schalker es gibt)

»Besonders sexy bin ich ja bestimmt nicht, aber seit ich als Trainer arbeite, beherrsche ich zumindest die Verbalerotik.«

(Peter Neururer)

So einen Trainingsanzug konnte auch nur Peter Neururer tragen.

Eines Tages schreibt das reich bebilderte Erotikmagazin, das Männer ja bekanntlich einzig und allein wegen der lesenswerten Interviews kaufen, eine heiße Geschichte über Friedel Rausch, den Casanova aus dem Revier. Natürlich bekommt Rausch Wind von der Sache und stürmt am Veröffentlichungstag schon früh am Morgen aus dem warmen Ehebett hinaus in die kalte Herbstnacht. Im morgendlichen Nebel entdeckt ein Mannschaftskollege den attraktiven Schalker Verteidiger an einem Kiosk in Duisburg, wie er gerade mit vollen Händen einen großen Packen »Playboy«-Ausgaben in seinen Kofferraum wuchtet. Nervös schaut sich Rausch dabei in alle Richtungen um. Als er die Klappe des Kofferraums geschlossen hat, setzt er sich lässig hinter das Lenkrad seines schnittigen Sportwagens und blinzelt mit einem kessen Augenaufschlag seinem Mannschaftskameraden zu: »Hömma, is klar, zu keinem ein Wort, ne! Ich muss weiter. Alle Ausgaben aufkaufen, bevor meine Schwiegereltern eine entdecken.« Als Rausch mit quietschenden Reifen davonbraust, schaut ihm sein Teamkollege verdattert hinterher und mustert die Rückfront des Autos äußerst skeptisch. Und dann lächelt er: Die Karre liegt durch das Gewicht der vielen hundert Hefte mit dem Arsch fast schon auf dem Boden!

Sammelbild von Friedel Rausch, der von 1962 bis 1971 für den FC Schalke 04 spielte, bevor er eine lange Trainerkarriere (u. a. Schalke, Frankfurt, Basel, Kaiserslautern) startete.

Friedel Rausch im Jahr 1979, während seiner Zeit bei Eintracht Frankfurt

»Warm gemacht hab ich mich wie Maradona, aber gespielt hab ich wie ›Katsche‹ Schwarzenbeck. Nach den heutigen Regeln hätte ich damals schon beim Aufwärmen eine Gelbe Karte gekriegt.«

(Peter Neururer auf die Frage, was er für ein Fußballertyp gewesen sei)

Der »Schalker Kreisel« vom 19. November 1989

»Ich mache mir Gedanken, wie ich die Mannschaft vor dem Spiel wecken kann. Vielleicht sage ich dem Busfahrer, er muss vor einem Auswärtsspiel gegen eine Mauer fahren.«

(Kurt Jara zu den Auswärtsleistungen des Hamburger SV)

Klischeeüberladene Autogrammkarte von Kurt Jara, der den HSV von Oktober 2001 bis Oktober 2003 trainierte

»Wollen Sie Interview machen oder Fragen stellen?«

(Aleksandar Ristic)

Auf Schalke: Präsident Günter Siebert fragt in die Runde: »Wo wohnt Günter Siebert?« Und tatsächlich antworteten die Leute im Chor: »Im Herzen aller Schalker!« Daraufhin gab es Freibier!

Von Schalke nach Gran Canaria, wo Siebert »Oscar's Pub« betreibt

»Ich glaube, er ist der erste Profi, der mit dem Fuß einen Baum fällen könnte.«

(Paul Breitner über Karlheinz Förster)

»Jetzt kann ich es ja sagen, die Bayern-Punkte hatten wir nicht einkalkuliert.«

(Kölns Trainer Peter Stöger nach einem 0:4 gegen den FC Bayern)

Die Atmosphäre in der Bundesliga wird rauer, wie Bernard Dietz feststellt: »Da warten zwölf- und 13-jährige Knirpse nicht mehr auf den Breitner, um ein Autogramm zu erbitten, sondern weil sie ihm sagen wollen, dass er ein Arschloch ist.«

Bernard Dietz spielte für den MSV Duisburg und Schalke 04 in der Bundesliga, zudem bestritt er 53 Länderspiele. Nach seiner Spielerkarriere war er Jugend- und Amateurtrainer beim VfL Bochum, beim MSV übernahm er die neu geschaffene Rolle als „Vorstandsberater und Repräsentant". Beim MSV fühlt er sich bis heute heimisch: „Der MSV ist meine Heimat, ich habe hier im Fußball alles erlebt, einmal MSV – immer MSV."

»Wenn schon Fremdblut, dann das von Uwe Seeler oder Franz Beckenbauer.«

(Kölns Vereinsarzt Dr. Günter Enderer zum Einsatz von Kälberblutspritzen beim FC Bayern München)

Richard Golz im März 1992 auf dem Cover des Stadionmagazins vom HSV

»Sergej Kirjakow.«

(Torwart Richard Golz auf die Frage nach seinem Lieblingsschauspieler)

»Als Bundesligatrainer siehst du doch schon am Gang, ob einer Fußball spielen kann oder bei der Müllabfuhr ist.«

(Uwe Klimaschefski)

»Ich bin sehr konservativ katholisch erzogen worden, habe deshalb häufiger im Beichtstuhl gesessen. Ich hatte bei allen Zehn Geboten was zu sagen.«

(Reiner Calmund)

Dialog zwischen Fifi Kronsbein und Wolfgang Overath nach dem 13. Spieltag in der Saison 1973/74 zwischen Hertha und Köln. Overath: »Ich staune, dass ihr euch den Vorsprung noch habt entreißen lassen.« Kronsbein: »Daran siehst du, Wolfgang, wie viel Grünschnabel ich noch in der Mannschaft habe.« Overath: »Na, wenn es um das In-die-Beine-Treten geht, dann sind die aber gar nicht grün.« Kronsbein: »Die treten so gut, wie ihr spukt.«

Überläufer Bruno Labbadia: In der Jugend von Darmstadt 98 zum Bundesligaspieler gereift, spielte er später u. a. für den HSV und Werder Bremen in der höchsten deutschen Spielklasse.

»Das Intelligenteste am Bruno ist sein Weisheitszahn.«

(Max Merkel über Ex-Torjäger Bruno Labbadia)

»Früher hatte er Mühe, Omelett von Hamlet zu unterscheiden.«

(Max Merkel über Otto Rehhagel)

»Basler war in der ersten Halbzeit recht lebhaft. Das lag wohl auch an den Temperaturen. Da musste er laufen, um nicht zu erfrieren.«

(Franz Beckenbauer)

»Das Dumme an Prognosen ist immer, dass sie sich auf die Zukunft beziehen.«

(Klaus Allofs zum voraussichtlichen Wechsel von Werder Bremen zum VfL Wolfsburg)

Klaus Allofs war nach seiner Spielerkarriere Geschäftsführer von Werder Bremen und vom VfL Wolfsburg.

»Ich wollte eigentlich Eto'o, aber der Präsident hat wohl Edu verstanden.«

(Der Fürther Trainer Mike Büskens zur Ausleihe des Spielers Edu)

Mike Büskens trainierte die SpVgg Greuther Fürth von 2009 bis 2013 und führte den Klub sogar in die Bundesliga.

»Ein Bundesligist, der so wenige Zuschauer mitbringt, soll sich lieber für die Bezirksliga anmelden.«

(Mehmet Ali Han, Präsident des Berliner AK, nach dem 4:0-Sieg gegen die TSG Hoffenheim in der ersten Runde des DFB-Pokals)

»Wenn er Postbote wäre, würde er meinen Hund beißen oder gleich aufessen.«

(Mehmet Scholl über Louis van Gaal)

»Im ersten Moment war ich nicht nur glücklich, ein Tor geschossen zu haben, sondern auch, dass der Ball reinging.«

(Mario Basler)

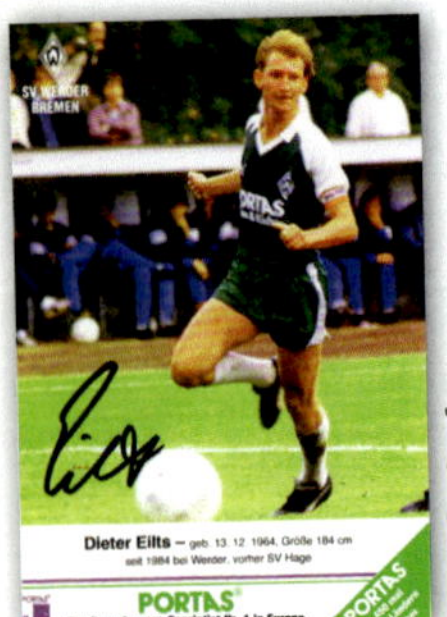

Spielte von 1985 bis 2002 für Werder Bremen und wechselte nie den Verein: Dieter Eilts.

»Wenn meine Oma ein Bus wäre, dann könnte sie hupen!«

(Dieter Eilts auf eine Hätte-wenn-und-aber-Frage eines Journalisten)

»Das hätte in der Türkei passieren dürfen, aber nicht in der zivilisierten Welt.«

(Toni Schumacher zum Flutlichtausfall während seines Abschiedsspiels in Köln)

Zu Hause bei … Toni Schumacher

Schalke ist in der UdSSR im Trainingslager. Stürmer Klaus Fischer fühlt sich nicht wohl und muss aufs Klo. Doch da verklebt etwas die WC-Brille. Schnell rennt er hinüber zum Zimmer von Erwin Kremers: »Erwin, darf ich mal bei dir auf die Toilette? Meine hat das Rote Kreuz gesperrt!« Kremers guckt etwas verdutzt, aber erlaubt seinem Mannschaftskameraden natürlich den Gang auf sein Klo. Doch da kommt Fischer schon wieder aus dem WC herausgestürmt: »Mist, deine Toilette haben sie auch gesperrt!« Kremers läuft neugierig aufs Klo und kann sich vor Lachen gar nicht mehr beruhigen. Über die Toilettenbrille ist eine Schutzfolie gespannt, auf der ein Kreuz prangt – die in Hotels damals übliche Markierung für ein gereinigtes WC!

Werder-Star Ailton im Januar 2004 auf dem Cover der »Sportbild« – die Story: Er lernte nie lesen und schreiben.

»Ailton ist die deutsche Sprache nicht viel geläufiger als dem Pinguin das Fliegen.«

(Christoph Biermann in der »Süddeutschen Zeitung«)

»Er hat die Intelligenz eines ostfriesischen Teebeutels.«

(Karl-Heinz Rummenigge über Bernd Schuster)

Glaubte an Ufos: der damals für den 1. FC Köln spielende Bernd Schuster.

Starschnitt
Uli Borowka

Das »Fohlen Echo« von Borussia Mönchengladbach zum rheinischen Derby im November 1984.

»Mein Talisman ist eine Krawattennadel mit einem Hackebeil. Ein Geschenk meiner Frau, die meint, das würde zu meinem Erscheinungsbild auf dem Fußballplatz passen.«

Zusammen mit Alex Raack hat Uli Borowka 2012 seine äußerst lesenswerte Biografie »Volle Pulle« geschrieben. In dem Buch nennt Uli Borowka stets Ross und Reiter beim Namen – nur ein einziges Mal nicht. Es ist der Abend, als Klaus Allofs seinen Einstand beim SV Werder feiert. Zünftig wie üblich trinkt man sich in Stimmung. Dazu gehört auch, wie Uli Borowka in einer geselligen Runde in Bochum einmal erzählte, dass der neue Spieler stets mit jedem Mannschaftskameraden ein Pinnchen Schnaps trinken musste. Damals umfassten die Kader Gott sei Dank nur maximal 20 Spieler, zu Zeiten eines Felix Magath auf Schalke oder in Wolfsburg wäre dieses Ritual wohl häufig nicht gut ausgegangen. Nachdem man einige Stunden gezecht hatte, zog man schließlich in kleiner Runde noch weiter in ein nahegelegenes Etablissement.

Dort legte man den schlafenden Klaus Allofs in der Küche ab und veranstaltete unter dem Kommando von Borowka im Whirlpool ein »Wett-Tauchen«. Als Uli schließlich genug hatte, begab er sich in die Küche. Dort war Allofs aber nicht mehr, und so öffnete Borowka auf der Suche nach seinem neuen Kollegen einige Türen, bis er schließlich auf einem Bett einen ***»Kerl mit schwarzer Damenstrumpfhose und Stöckelschuhen«*** entdeckte, den er kannte. Ein berühmter Sportjournalist. Borowka rief sogleich: ***»Na, du Arschloch«***, und zog die Tür hinter sich zu. In den Wochen danach konnte er sich darauf verlassen, egal wie schlecht er auch spielte, dass samstags ab 22 Uhr im ZDF stets gesagt wurde: ***»Uli Borowka, wie immer einer der besten Männer auf dem Platz!«***

»Gute Frau, schicken Sie mir Ihren Bruder, mit dem rede ich.«

(Otto Rehhagel zur Reporterin Sabine Töpperwien)

Ein Europapokalsieg musste in Bremen natürlich ordentlich gefeiert werden: Dieter Eilts rasierte Borowka im Mai 1992 eine Glatze.

»Ich gebe nicht gern Exklusiv-Interviews. Ich habe da immer das Gefühl, ich störe.«

(Uli Stein)

»Du hast mir gar nichts zu sagen. Ich verdiene so viel, ich kann dein Leben kaufen. Wenn du mich anzeigst, dann wirst du schon sehen. ***Ich bin etwas Höheres als du!***«

(Marko Arnautovic zu einem Polizisten in Österreich)

Fiel in Bremen eher durch Sprüche als durch gute Leistungen auf: der Österreicher Marko Arnautovic.

»Ich habe Herrn Assauer nie als Kaschmirproleten bezeichnet. Ich habe Herrn Assauer Kaschmirhooligan genannt.«

(Dortmunds Sportchef Michael Meier)

»Soll ich etwa ein Lagerfeuer im Wohnzimmer machen?«

(Anthony Yeboah auf die Feststellung des »Kicker«, er wohne »wie ein deutscher Musterbürger«)

»Rolf, wenn du deine Mannschaft nicht sehen willst, kannst du mit uns fahren. Du darfst auch vorne sitzen.«

(Eintracht-Fans zu ihrem Interimstrainer Rolf Dohmen nach einem 2:5 in Freiburg)

»Ich brauche keinen Butler. Ich habe eine junge Frau!«

(Thomas Doll)

»Ich fahr gar nicht erst aus der Haut – denn die Rückfahrt bringt meistens Probleme.«

(Dieter Eckstein)

»Sympathisch, euphorisch, kreativ«: Thomas Doll auf dem Cover des »rund«-Magazins

Stepi als der Pate auf dem Cover der »Sportbild«

»Bindewald war heute unser bester Mann. Der Gegner kriegte sozusagen eine Bindewaldentzündung, von der er sich nicht mehr erholen konnte.«

(Dragoslav Stepanovic über Uwe Bindewald)

»Sollte ich jemals ein schlechtes Wort über Mainz 05 verlieren, dann möchte ich sofort eins mit der Eisenstange gegen das Schienbein bekommen.«

(Der Dortmunder Trainer Jürgen Klopp über seine Zeit in Mainz)

»Ich bin heilfroh, dass Kloppo sich endlich entschieden hat. So weiß auch ich, wo es mich als Nächstes hin verschlägt.«

(Der neue BVB-Coach Thomas Tuchel nach Jürgen Klopps Unterschrift in Liverpool – in Mainz und dann auch in Dortmund war er Klopps Nach-Nachfolger)

Erst Mainzer Abwehrhaudegen (1990 bis 2001), dann im Mai 2015 als hippster Trainer auf dem Titel des englischen Magazins »FourFourTwo«: Jürgen Klopp

Starschnitt
Buffy Ettmayer

Fast das ganze Fußballerleben des Spielers Johann Ettmayer, den alle nur »Buffy« rufen, wird von einem Thema beherrscht: seinem Gewicht. Kein Wunder, denn »Buffy« heißt auf Tschechisch so viel wie Dickerchen. Ein Spitzname, den ihm sein ehemaliger Trainer Leopold Stasny verpasst hat. Lange kämpft Ettmayer gegen das Image des behäbigen Profis an, doch irgendwann hat er genug und geht verbal in die Offensive: **»Einen dicken Hintern werde ich immer haben, und mit dem Ruf, dass ich nicht laufen und kämpfen kann, muss ich halt leben.«**

Tschik Cajkovski sagte über ihn: **»Es gibt dicke Spieler, die es können, und dünne, die es nicht können. Ettmayer ist ein Spieler, der einfach spielen muss.«**

»Ich habe keinen Revue-Körper, aber ich kann Fußball spielen. Ich kenne aber viele Spieler, die haben einen Revue-Körper und können's nicht!« Er selbst sieht seine Rolle eh ein bisschen anders: **»Ich bin wohl dazu prädestiniert, eine Show abzuziehen. Doch den ›King‹ will ich gar nicht spielen.«** Und in einem Satz zusammengefasst: **»Ich bin kein Leichtathlet, ich bin ein Fußballer.«**

Als er in dieser schwierigen Zeit um das Jahr 1975 herum plötzlich nicht mehr regelmäßig spielt, mault er: »Ich will nicht auf die Bank, das kann ich auch auf meinem Balkon.« Ettmayer will seinen Spaß beim Fußball haben. In Hamburg lässt er einmal seinen Trainer in die Lüfte steigen. Als Kuno Klötzer gerade auf der Massagebank liegt, stemmt Buffy sie samt Coach nach oben. Sein Kommentar: »Sehen Sie, Trainer, wie gut ich zurecht bin?« Und als Klötzer das nicht recht einsehen will, lässt Ettmayer die Luft aus Klötzers Fahrrad-Reifen und klaut ihm die Fahrradpumpe. Der Trainer muss nach Hause laufen.

Buffy Ettmayer 1972 und 1997

Was Ettmayer neben seinen Toren beim Publikum so beliebt macht, sind seine Sprüche. Obwohl er Schuhgröße 43 hat, trägt er seine Fußballtreter stets zwei Nummern kleiner: »Ich wollte immer ein Kondom an den Füßen haben, sonst hast du ja kein Gefühl.« Und als beim VfB sein Trainer Albert Sing zu ihm sagt: »Es gibt Bilder, da warst du dünner«, kontert Ettmayer launig: »Die sind wahrscheinlich mit einer Schmalfilmkamera gemacht!« Nach seinem Karriereende lässt es sich Ettmayer gut gehen – man sieht es ihm an. Doch dem österreichischen Starspieler ist es gleich. Er erzählt: »Wenn ich heute auf eine Waage steige, sagt die sofort: **›Bitte nicht in Gruppen benutzen!‹**«

»Er hält alles, nur nicht den Mund.«

(Die »Süddeutsche Zeitung« über Uli Stein)

Kevin Großkreutz im August 2009 auf dem Cover des Stadionmagazins »Borussia aktuell«

Frage an Kevin Großkreutz in der »Rheinischen Post«: »Kennst du eine Sehenswürdigkeit in Düsseldorf?« Antwort: »Ich komme selten nach Düsseldorf. Zählt der Kölner Dom auch? Der ist doch da in der Nähe.«

Stefan Effenberg auf die Frage, welches Werk der Weltliteratur ihn besonders geprägt habe: »Hitlers Tagebuch. Das hat mich dann doch interessiert!«

Und auf die Frage, was er zuletzt regelmäßiger gelesen habe: »Die Hausaufgaben meiner Kinder!«

»Lothar Matthäus hat ein eigenes Kapitel. Die erste Seite habe ich weiß gelassen, weil eigentlich jedes Wort über ihn zu viel ist.«

(Stefan Effenberg in seinem Buch »Ich hab's allen gezeigt«)

Auch wenn er es mit dem Lesen nicht so hat: Es hinderte ihn nicht daran, eine Biografie zu schreiben (oder schreiben zu lassen).

»Der Robben fällt öfter aus als die Winterflüge der Lufthansa.«

(Mario Basler über Arjen Robben)

Arjen Robben noch mit Haaren auf dem Kopf: Sammelbild zur WM 2006

»Das ist Schnee von morgen.«

(Jens Jeremies)

»Ruht euch jetzt aus.
Geht nicht shoppen. Keine Party.
Einfach Ruhe. Und wenn euch langweilig ist,
spielt ein bisschen mit eurer Frau.«

(Louis van Gaal)

»Wir haben unheimlich viel Tempo gespielt. Ich glaube, sogar der Schiedsrichter hat sich eine Zerrung geholt.«

(Olaf Thon)

»Ball rund, Stadion rund, ich rund.«

(Tschik Cajkovski)

»Es gab eine feste Hierarchie, jeder hatte seinen bestimmten Platz. Über mich, den Kanadier, haben sie nur gelacht: ›Geh doch zurück in dein Iglu!‹, ging der Witz.«

(Owen Hargreaves über die Anfänge seiner Profikarriere beim FC Bayern, wo er zusammen mit Lothar Matthäus, Mario Basler und Stefan Effenberg spielte)

Olaf Thon (hier bei der Saisoneröffnung 1987) spielte in der Bundesliga für Schalke 04 (von 1983 bis 1988 und von 1994 bis 2002) sowie für den FC Bayern (1988 bis 1994). Die Autogrammkarte (oben) ist aus der Saison 1985/86.

Erich Ribbeck trainierte Bayer Leverkusen von 1985 bis 1988. Ob Ähnlichkeiten zu Claudia Schiffer festzustellen sind, soll jeder für sich entscheiden.

»Erich Ribbeck ist die Claudia Schiffer unter den Trainern.«

(Rudi Gutendorf)

»Pässe der Marke Lothar Matthäus – da möchte man Ball sein.«

(Johannes B. Kerner)

»Schreiben ist eigentlich einfach, die Schwierigkeit besteht lediglich im Formulieren.«

(Paul Breitner)

»Der rechte Fuß ist nur dafür da, um in den Bus einzusteigen.«

(Frankfurts Stürmer Haris Seferovic auf die Frage, ob er besser mit links oder mit rechts schießen kann)

»Wir haben alle unsere Trikots in den Gästeblock geworfen, damit die Fans wenigstens etwas mitnehmen können.«

(HSV-Keeper René Adler nach einer 0:4-Niederlage in Leverkusen)

»Wenn ich denke, dass der Torwart denkt, und der Torwart denkt, dass ich denke – dann kann ich auch einfach schießen. Es macht keinen Unterschied.«

(Roy Makaay übers Elfmeterschießen)

Treffsicherer Holländer: Roy Makaay mit seiner Frau beim Bankett anlässlich des Pokalsiegs 2006

»Ich habe immer gesagt, dass ich niemals nach Österreich wechseln würde.«

(Jürgen Wegmann auf die Frage, ob er zum FC Basel wechselt)

Christian Ziege überraschte seine Anrufer schon mal mit dieser charmanten Idee: »Meine Freundin Bettina und ich sind am vierten August 1976 Zigaretten holen gegangen. Wenn wir noch nicht zurück sind, sprechen Sie auf unseren Anrufbeantworter!«

»Ein Hund der Familie Tarnat.«

(Michael Tarnat auf die Frage, was er im nächsten Leben gern wäre)

1993 spielte der HSV in der Bundesliga noch gegen Dynamo Dresden. Auf dem Cover des Stadionmagazins: Jan Furtok.

»Wer sich die Butter vom Brot nehmen lässt, muss Wasser saufen.«

(Jan Furtok)

»Ich habe den Schiedsrichter ›Eierkopp‹ genannt. Im Rheinland, wo ich herkomme, ist das keine Beleidigung.«

(Kölns Sportdirektor Jörg Schmadtke über Schiedsrichter Guido Winkmann, der ihn beim 1:1 in Bremen auf die Tribüne verbannte)

»Ich hoffe, dass es keine Beleidigung ist. Denn das sagt er jeden Tag zu mir!«

(Peter Stöger ein paar Tage später im »Doppelpass«)

Kölns Trainer Peter Stöger am 11.11.2013

Starschnitt

Jürgen Klopp

Werbegesicht: 2011 warb Klopp für den Tapetenkleister Methylan.

Eigentlich war Klopp lange Zeit beim HSV als kommender Übungsleiter gehandelt worden, doch das scheiterte an einigen kleinen Details, wie Klopp sich im Interview mit der »Hamburger Morgenpost« erinnert: »Die Vorstände Bernd Hoffmann und Katja Kraus wollten mich. Aber der Sportdirektor Didi Beiersdorfer konnte sich einfach nicht entscheiden. Also hatte er einen Scout losgeschickt, damit der wohl mal so guckt, wie ich ausschaue. Und dann war man überrascht, dass ich so aussehe, wie ich aussehe. Da hab ich dann bei Herrn Beiersdorfer angerufen und gesagt: ›Falls ihr noch Interesse habt – ich sage hiermit ab!‹ Nein, das ging ja gar nicht! Wer in diesem Geschäft arbeitet, der muss wissen, wie ich arbeite. Und dann hieß es noch, ich sei immer nach der Mannschaft auf den Trainingsplatz gekommen, wäre schlecht rasiert und hätte Löcher in den Jeans. Also, diese Beurteilung war echt daneben. Wobei, halt! Das mit dem schlecht rasiert, das stimmte natürlich.«

»Auf dem Zimmer hat er manchmal so viel geraucht, dass ich eigentlich eine Disco-Kugel hätte aufhängen müssen, um noch etwas zu sehen.«

(Ansgar Brinkmann über Jürgen Klopp)

Siegerlächeln: Klopp im November 2011 auf dem Cover des Mitgliedermagazins von Borussia Dortmund

»Der ist an der Linie so durchgeknallt, bei dem müssen in der Kindheit selbst die Überraschungseier voll mit Dioxin gewesen sein.«

(Mario Basler über Jürgen Klopp)

TV-Moderator Arnd Zeigler: ***»Wenn man sich das Spiel angeschaut hat, ein Torwart, der weit über 29 ist. Der Altersschnitt ist sicherlich auch ein Problem. Kann sich das eine Spitzenmannschaft erlauben?«***

Klopp und Watzke im »Meisterrausch«: die »Sportbild« im Mai 2011

Jürgen Klopp: ***»Ich fand, heute hat es Roman sogar recht ordentlich gemacht. Wenn man ihn morgens sieht, nach dem Aufstehen, ist das ein schreckliches Bild, das er da abgibt. Aber auch da muss ich sagen, keine Chance, irgendwas zu ändern. Wir müssen ihn da durchschleppen und … ja … wir gucken, wie lange das noch geht. Aber ich habe auch da keine Alternativen. Ich kann keinen Feldspieler hinten reinstellen. Er ist der Einzige, den wir haben, und dementsprechend müssen wir ihn uns ab und zu auch schönsaufen.«***

»Hey Schiri, hast du das Abseits geschätzt?«

Während der WM 2006 als Experte für das ZDF im Einsatz

Frage eines Zuschauers in Augsburg bei einer Pressekonferenz an Ernst Happel: **»Warum schauen Sie eigentlich immer so grimmig?«** Antwort: **»Bei dem Job, da hams nix zum Lachen.«**

Schaute selbst mit Pokalen in der Hand grimmig drein: Ernst Happel.

»Ich hasse Pressekonferenzen: Zum Schweigen fehlen mir immer die richtigen Worte.«

(Aleksandar Ristic)

»Wir haben den Schriftzug in unserem Vereinslogo in **›Hosenscheißer 04‹** geändert. Wir konnten ein großes Sponsoringpaket mit einer Windelfirma schnüren.«

(Rudi Assauer)

»Ich habe ihn nur ganz leicht retuschiert.« *(Olaf Thon)*

»Wenn du in drei Spielen sieben Punkte machst, kannst du leicht in der Gruppe ums Lagerfeuer tanzen. Wenn du dreimal verlierst, musst du schauen, wie viele Jungs sich noch am Lagerfeuer treffen.«

(Kölns Trainer Peter Stöger)

Peter Stöger hält sich für Kölner Verhältnisse lange auf dem Cheftrainerposten: Das »Geißbock Echo« mit ihm auf dem Cover ist vom 17. August 2013.

Bernd Tönnies liegt schwer krank in der Uniklinik von Münster. Doch der neue Präsident lässt auch dort seine königsblaue Liebe nicht ruhen: »Ein gutes Dutzend neuer Schalke-Mitglieder habe ich schon geworben. Ich habe den Ärzten sofort gesagt: Hier darf keiner nur eine Hand an mich legen, wenn er nicht sofort die Beitrittserklärung unterschreibt. Das hat gewirkt!«

Als Trainer des Jahres 2013 schaffte es Jupp Heynckes aufs Cover der »11 Freunde«.

»Beim Trainerkarussell kommt mir immer die alte Graf-Bobby-Witz-Manier in den Sinn: Graf Bobby und der Poldi fahren Eisenbahn. Bobby sitzt in Fahrtrichtung, Poldi ihm gegenüber. Nach der Hälfte der Strecke sagt Bobby: ›Poldi, lass uns die Plätze wechseln, ich kann dein Gesicht nicht mehr sehen.‹«

(Jupp Heynckes drei Tage vor seiner Entlassung)

»Wenn es 2:0 steht, fällt das 3:0 leichter.«

(Jürgen Kramny, Trainer des VfB Stuttgart)

»In der Nacht von Samstag auf Montag.«

(Rudi Assauer auf die Frage, wann die Entscheidung gefallen sei, Frank Neubarth zu entlassen)

Bei der Präsentation des neuen Trainers Frank Neubarth stellte sich Assauer für die Fotos extra auf eine Getränkekiste, um nicht kleiner zu erscheinen.

»Wir müssen das Turnier noch mal Paroli laufen lassen.«

(Horst Hrubesch)

Kevin Keegan und Horst Hrubesch im August 1978 auf dem Cover des »Kicker«

»Für sechs Mille hätte ich den Pass auch nicht gespielt.«

(Günter Schlipper zu seinem Mitspieler Yves Eigenrauch, der eigensinnig den Ball vertändelte, aber auch deutlich weniger Gehalt bekam als Schlipper)

Zur EM schaffte es Manuel Neuer im Juni 2012 aufs Cover der »GQ«.

»Flüssig läuft's bei Schalke nur neben dem Platz. Torwart Neuer fehlt wegen Magen-Darm-Problemen.«

(»Bild«)

»Manchmal geht ein Stürmer an mir vorbei, manchmal geht auch der Ball an mir vorbei – aber nie beide gleichzeitig!«

(Bernd Hollerbach)

Passende Coverstory im Vereinsmagazin des HSV im März 2004: »Kann denn Härte Sünde sein?«

»Jemand sollte Jan Furtok mal die polnische Übersetzung der Memoiren Casanovas schenken, da steht nämlich drin, wie man seine Chancen nutzt!«

(Joachim Böttcher)

»Mein Name ist Wiesel, ich kann schnell laufen!«

(Schiedsrichter Wiesel auf die Frage, ob er Angst vor Fans habe)

BVB-Trainer Hermann Lindemann ist extrem kurzsichtig. Eines Tages baut Lindemann eine lange Reihe von Bällen an der Mittellinie auf. Da fragt ihn beim Anblick der Ball-Parade ein gewitzter Spieler: »Trainer, wenn ich den dritten von rechts treffe, bekommen wir dann frei?« Der Coach nickt lächelnd. Der Spieler schießt, erwischt irgendeinen Ball und wird von seinen Kameraden eifrig bejubelt. Lindemann klopft dem Spieler beherzt auf die Schulter und sagt: »Gut, gemacht, Junge. Ihr habt natürlich alle frei!«

Mannschaftsfoto des BVB zu Beginn der Saison 1966/67: Trainer Hermann Lindemann – immer an seiner dezenten Brille zu erkennen – steht ganz rechts.

»Wenn ich mich bei Bayern geäußert habe, bin ich schnell zum Fernseher, und bevor ich den Satz zu Ende gesagt habe, konnte ich schon im Laufband lesen, was der Bayern-Trainer gesagt hat.«

(Felix Magath)

»Wenn man eine neue Freundin hat, klappt auch nicht immer gleich alles perfekt.«

(Bastian Schweinsteiger zur Eingewöhnungszeit zwischen der Mannschaft und Trainer Louis van Gaal)

Starschnitt Udo Lattek

»Das Schlimmste ist, wenn sich ein Trainer nach dem Präsidium richten muss, weil er Angst vorm Rausschmiss haben muss. Uli Hoeneß hat mal versucht, mir reinzureden. Da habe ich gesagt: **›Pass auf, Uli, geh du lieber in dein Büro zum Erbsenzählen und Geldschichten. Wenn du noch mal was auf der Bank sagst, fliegst du runter.‹** Da war das Thema erledigt.«

»Sie können ruhig etwas lauter nicken!«

»Die großen Trainer haben schließlich alle gesoffen: Weisweiler, Happel, Zebec. Und ich gehöre ja auch zu den Großen.«

Sport Bild
Udo Lattek: Jetzt schreibe ich!
Warum der erfolgreichste Trainer der Welt Reporter wurde
1 Mark Start-Preis 30 Pfg.
Dreikampf an der Spitze, Zehnkampf gegen Abstieg
Kießlings Versprechen
Laufschuhe für Männer, Frauen und Kinder
Marina Kiehl: Mein Leben mit dem Gold
BORIS: So kommt er ganz nach oben

»Ich habe alle gekriegt, die ich wollte. Nur bei meiner Frau: Da war ich es, der eingekauft wurde.«

»Ich bin der Hans Albers der Bundesliga. Der konnte saufen wie ich und auch arbeiten.«

Beginn einer neuen Karriere: Udo Lattek wurde Reporter: »Sportbild« vom 24. Februar 1988.

»Herr Lattek, wollen Sie uns mit den dauernden Siegen das Geschäft kaputt machen?«, fragt Bayern-Präsident Wilhelm Neudecker, weil er ob des anhaltenden Erfolgs den Spannungsverlust befürchtet.

Lattek als lebende Litfaßsäule

»Lattek ist ein hervorragender Trainer. Das zeigt sich schon alleine daran, dass er den Herren Neudecker und Schwan jahrelang das Gefühl vermittelte, sie verstünden etwas vom Fußball.«

(Helmut »Fiffi« Kronsbein)

»Jupp Heynckes weiß genau, wer raucht, und zählt deine Bierchen. Das war bei Udo Lattek anders. Der hat selbst am meisten gesoffen.«

(Klaus Augenthaler)

»Der soll sein Weißbier trinken und die Klappe halten.«

(Rudi Assauer)

»Die Deckung hat Angst vor ihrem schwachen Torwart. Deshalb spielt sie so gut!«

Oliver Kahn kennt kein Erbarmen. Bei einem Benefiz-Elfmeterschießen in Karlsruhe sollen Kinder gegen ihn antreten. Für jeden Ball, den sie dem Bayern-Keeper ins Netz legen, fließt Geld für einen guten Zweck. Doch der Nationaltorwart treibt die kleinen Dötze in die Verzweiflung. Kahn, so heißt es, habe keinen Ball durchgelassen.

Panini-Sammelbild von Oliver Kahn aus seiner Zeit beim Karlsruher SC

»Was, der Kapellmann wird Arzt? Der wird doch Doktor!«

(Manfred Kaltz)

»Ihr könnt euch da ja mal hinstellen, und wenn dann Ribéry mit 180 km/h an einem vorbeigelaufen kommt, gibt's wenige, die den stoppen können.«

(Leverkusens Verteidiger Manuel Friedrich)

»Wenn meine Frau sagt, wir wechseln, dann wechseln wir. Wenn meine Frau sagt, wir bleiben, dann bleiben wir.«

(Bamba Anderson, Verteidiger von Eintracht Frankfurt, in der »Frankfurter Rundschau« über seine Zukunft)

»Nach der Pause haben wir den Rhythmus verloren, den wir vorher nicht gefunden hatten.«

(Roy Präger)

Roy Präger mit seiner Ehefrau beim Essen, für den HSV und den VfL Wolfsburg absolvierte er insgesamt 173 Bundesligaspiele.

Autogrammkarte der Saison 1998/99

»Ich habe mich gefühlt wie ein Kronleuchter. Ich hing in der Luft.«

(Stürmer Mladen Petric)

»Unser Abramczik wird in seinem Leben nie Kopfweh bekommen, weil er seinen Kopf nie zum Denken benutzen wird. Wenn ein Mittelstürmer dauernd im Abseits steht, so kann ich das verstehen. Schließlich muss der nach zwei Seiten beobachten, und das ist manchmal zu viel verlangt. Ein Rechtsaußen aber muss nur nach einer Seite schauen. Doch noch nicht einmal das schafft dieser Junge. Eher werde ich ein Sänger an der Metropolitan Opera als der Abramczik ein großer Fußballer bei Schalke!«

(Max Merkel)

Dante mit dem Champions-League-Pokal, in der Bundesliga spielte er für Borussia Mönchengladbach, Bayern München und den VfL Wolfsburg.

»Auch Kluge.«

(Gladbachs Nachwuchsspieler Peer Kluge auf die Frage, wie seine Eltern heißen)

»Brasilianer bin ich eigentlich nur im Urlaub.« *(Dante)*

»Was soll ich machen? Soll ich jetzt schon in den Urlaub fahren?«

(Eintracht Frankfurts Mittelfeldspieler Stefan Aigner über die immer schlechter werdenden Aussichten im Abstiegskampf der Saison 2015/16)

»In Chemie war ich noch nie gut.«

(Stefan Kuntz auf die Frage, ob die »Chemie« zwischen ihm und Werner Altegoer beim VfL Bochum nicht mehr gestimmt habe)

Stefan Kuntz spielte von 1983 bis 1986 und von 1998 bis 1999 für den VfL Bochum.

»Ich bin nicht so der sportliche Typ!«

(Mimoun Azaouagh, als der Verkäufer im Fahrradladen ihm ein Rennrad anpries)

17. September 1991: Dresdens Thorsten Gütschow, letzter Torschützenkönig der DDR-Oberliga, präsentiert seine Trophäe auf der Dresdener Augustusbrücke.

»Das unterscheidet mich von Ihnen, Trainer. Sie haben nie eine große Zeit gehabt!«

(Dresdens Torsten Gütschow, nachdem Rolf Schafstall zu ihm sagte, dass seine große Zeit vorbei sei)

»Letzte Woche war ich noch ein Meerschweinchen, jetzt sehe ich aus wie eine Sau. Der Grund: Ich habe 200 Gramm zugenommen.«

(Buffy Ettmayer)

»Ein Lothar Matthäus hat es nicht nötig, von sich in der dritten Person zu sprechen.«

(Lothar Matthäus auf die Frage bei einer Pressekonferenz, warum er öfter von sich in der dritten Person spreche)

»Deutsches Essen ist gut – in einem argentinischen Restaurant.«

(Igor Belanow)

Autogrammkarte der Saison 2008/09

»Wir mussten das Training abbrechen, weil einige Spieler vor Freude in Tränen ausgebrochen sind.«

(Hans Meyer nach einer Vertragsverlängerung)

»Da geht ein großer Spieler. Ein Mann wie Steffi Graf!«

(Jörg Dahlmann findet immer die passenden Worte – so auch beim Abschiedsspiel von Lothar Matthäus)

»Seit Neues von Lautern weg ist, können die Mütter ihre Töchter wieder beruhigt durch die Stadt gehen lassen.«

(Max Merkel über den ehemaligen Libero des 1. FC Kaiserslautern)

»Ich will Kotelett und kein Ingwer.«

(Jörg Neun)

Die Gladbacher Stefan Effenberg (links) und Jörg Neun beim Schach

Am 34. Spieltag muss Erwin Kremers nach einer ziemlich ruppig geführten Partie auf dem Kaiserslauterer Betzenberg nur noch die allerletzten Sekunden überstehen, dann ist die Saison 1973/74 endgültig zu Ende und der Europameister von 1972 würde mit der deutschen Nationalmannschaft die Vorbereitung auf die Weltmeisterschaft im eigenen Land beginnen. Doch beim aussichtslosen Stand von 4:0 für die Lauterer kann sich Kremers in der 90. Minute nicht mehr beherrschen. Mit hochrotem Kopf brüllt er den Schiedsrichter Max Klauser an: **»Halt das Maul, du blöde Sau!«** Dieser dreht ein wenig an einem imaginären Hörgerät, klopft sich auf die Ohren und fragt anschließend in aller Ruhe bei dem immer noch fuchsteufelswilden Schalker nach, ob er denn da gerade richtig gehört habe. Die goldene Brücke ist ausgelegt. Doch anstatt langsam wieder runterzukommen und einmal kräftig durchzuatmen, setzt Kremers noch einen oben drauf: **»Und jetzt noch einmal für Doofe, du blöde Sau!«** Der Schalker wird daraufhin aus dem Nationalmannschaftskader für die WM 1974 geworfen und bestreitet in der Folge nie wieder ein Länderspiel für Deutschland.

Die Sammelbilder waren bereits gedruckt, doch an der WM 1974 durfte Kremers nicht mehr teilnehmen.

»Wenn wir früher gegen Dortmund gespielt haben, haben wir uns vorher gar nicht umgezogen.«

(Helmut Kremers auf der Schalker JHV)

»Im Training habe ich mal die Alkoholiker meiner Mannschaft gegen die Antialkoholiker spielen lassen. Die Alkoholiker gewannen 7:1. Da war's mir wurscht. Da hab i g'sagt: **›Sauft's weiter.‹**«

(Max Merkel)

»Früher habe ich die Kugel am Elfmeterpunkt gestoppt, den Torwart gefragt, wie alt er ist und wo er wohnt – und habe sie dann reingeschossen. Das geht nicht mehr.«

(Kurt Jara)

»Wenn du denkst, es geht nicht mehr, kommt von irgendwo 'ne Flanke her.«

(Günter Netzer)

»Den Antrag habe ich letztes Jahr an Weihnachten gemacht. Aber auf die Knie musste ich nicht. Auf die Knie geht man nur beim Torjubel.«

(Thomas Müller zur bevorstehenden Hochzeit mit Freundin Lisa)

»Der Rizzitelli und ich sind schon ein tolles Trio.«

(Jürgen Klinsmann)

»Manchmal spielst du mit Sonne, manchmal mit Schnee, aber du musst immer mit Charakter spielen.«

(Pep Guardiola)

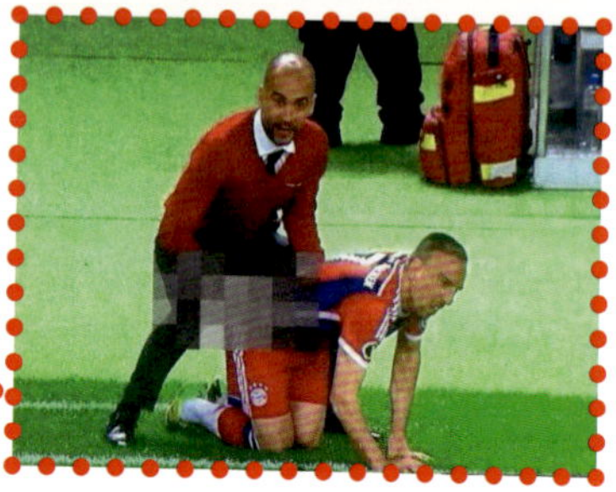

Guardiola und Ribéry

»Oft bin ich vom Training nach Hause gekommen und habe zu meiner Frau gesagt: **›Gudrun, dem Philipp Lahm beim Training zuzusehen, ist wie Bratwurst essen. Ein richtiger Genuss.‹**«

(Hermann Gerland)

Größenunterschiede: Philipp Lahm und Per Mertesacker (nach einem Champions-League-Spiel der Bayern gegen Arsenal)

»Der springt so hoch, wenn der wieder runterkommt, liegt auf seiner Glatze Schnee.«

(Norbert Nachtweih über Dieter Hoeneß)

»Der ist mit allen Abwassern gewaschen.«

(Norbert Dickel über Frank Mill)

»Dass er drei Tore macht, ist sicher nicht normal. Wenn du nach fünf Monaten zurückkommst, ist das unnormal. Aber er ist auch kein normaler Spieler, er ist ein unnormaler Spieler. Von daher ist es wieder normal.«

(Frankfurts Trainer Armin Veh über Alex Meier, der nach einer längeren Verletzungspause in seinem ersten Spiel der Saison 2015/16 gegen den 1. FC Köln gleich drei Treffer erzielte)

»Mental? Das Wort gab es zu meiner Zeit noch nicht. Nur eine Zahnpasta, die so ähnlich hieß!«

(Schalkes Manager Rudi Assauer)

»Wenn alle deutschen Fußballlehrer, die ein Haus in Spanien besitzen, auch dort tätig wären, wären alle Trainerposten bis in die fünfte Kreisklasse besetzt.«

(Edgar Geenen, Sportdirektor des TSV 1860 München, auf die Frage, ob sein Trainer Werner Lorant immer noch gerne nach München möchte)

Autogrammkarte der Saison 1999/2000; Golz spielte von 1998 bis 2006 für den SC Freiburg.

»Vor lauter Philosophieren über Schopenhauer kommen wir gar nicht zum Trainieren.«

(Richard Golz vom Intellektuellen-Klub SC Freiburg)

»Bei mir ist es doch so wie beim Harald Juhnke. Er kann ein ganzes Jahr oder länger trocken bleiben, ein einziger Rückfall aber sorgt sofort wieder für negative Schlagzeilen. Wenn mir nach guten Spielen mal ein Fehler passiert, bin ich sofort wieder der Buhmann.«

(Schalkes Keeper Walter Junghans)

»Wir haben mit offenen Karten geredet.«

(Mike Hanke über ein Gespräch mit Jupp Heynckes während der gemeinsamen Zeit beim FC Schalke 04)

Starschnitt Felix Magath

Vom 1. Juli 1990 bis zum 15. Januar 1992 war Magath Manager bei Bayer Uerdingen.

»Felix Magath ist der letzte Diktator Europas.«

(Bachirou Salou)

»Noch eine Bemerkung zu Magath. Als der Clemens Tönnies ihn in Schalke entlassen hat, sagte er zu ihm: Wenn Sie so weitermachen mit ihrem Kader mit 45 Mann, dann brauchen wir für die Mannschaft einen Gelenkbus. Da entlasse ich Sie lieber!«

(Uli Hoeneß)

»Magaths Training ist wie ein Zahnarzttermin. Man fürchtet sich vorher, aber danach fühlt man sich besser!«

(Jan Åge Fjørtoft über die gemeinsame Zeit bei Eintracht Frankfurt)

Cup-Platz.

MAL EHRLICH
Felix Magath
(Manager von Bayer Uerdingen)

Sind Sie als Dressman besser geeignet wie als Manager?

Der Hut steht mir gut. Das kann jeder sofort erkennen. Die Leistungen eines Managers lassen sich erst im nachhinein erkennen.

»Die Spieler können so lange Ostereier suchen, wie sie wollen. Vor lauter Training werden sie keine finden.«

»Ich habe viel mit Mario Basler gemeinsam. Wir sind beide Fußballer, wir trinken beide gerne mal einen, ich allerdings erst nach der Arbeit.«

»Wenn er sich bei Interna nicht zurückhalten kann, gibt es nur einen Verlierer. Wenn er weiter attackiert, werde ich auspacken, und das ist so wie bei Star Wars, wenn das Imperium zurückschlägt!«

(Jan Åge Fjørtoft zu einigen Äußerungen von Felix Magath nach dessen Entlassung)

»Grundsätzlich ist es mir egal, was meine Spieler essen und trinken. Hauptsache, sie nehmen mir bei McDonald's keinen Platz weg.«

»Ich hätte wohl gekündigt und wäre nach Peru zurückgegangen. Da hätte ich lieber Steine geschleppt und Erde umgegraben, als unter Herrn Magath zu spielen.«

(Schalkes Jefferson Farfán)

»Habt ihr nur Scheiße im Hirn, warum schießt Altintop Freistoß?«

(Als Trainer auf Schalke während eines Testspiels zu seinen Spielern auf der Bank)

»Wenn mein Vater da gewesen wäre, hätte sich mein Leben vollkommen anders entwickelt. Viel zielgerichteter. Dann wäre meine Mutter zu Hause gewesen. Ich hätte vernünftig für die Schule gearbeitet, einen normalen Beruf erlernt und wäre nicht in den Fußball abgedriftet.«

Mit dem VfL Wolfsburg war Felix Magath sehr erfolgreich: 2009 wurden sie zusammen Deutscher Meister.

Noch erfolgreicher war er als Spieler beim HSV (1976–1986): Drei Meisterschaften und zwei Europapokalsiege stehen seitdem in Magaths Vita.

»Geben Sie mir heute nicht die Note 6. Ich habe nicht gespielt.«

(Vahid Hashemian)

Der »Hubschrauber« Hashemian erzielte in 137 Spielen 40 Tore für den VfL Bochum.

»Die Leute sind doch nur sauer, dass sie erst nach Mallorca oder Teneriffa düsen müssen, um braun zu werden, während ich so herrlich braungebrannt durch mein ganzes Leben gehen kann.«

(Jimmy Hartwig ist der Sohn eines afroamerikanischen GIs und einer deutschen Mutter.)

Jimmy Hartwig spielte von 1978 bis 1984 beim HSV.

»Ich wäre manchmal so gerne ein Schauspieler. Da hast du einen Text, an den kannst du dich immer halten. Oder ein Sänger, der findet Sicherheit in der Melodie. Wenn diese beiden in Bedrängnis geraten, haben sie eine Souffleuse oder singen lalala.«

(Pierre Littbarski)

Panini-Sammelbild aus einer Zeit, in der man noch Vokuhila trug: Saison 1983/84

»Dat Unterbewusstsein ist dort, wo der Mensch nix dafür kann.«

(Adi Preißler)

»Auch wenn hier der Fußballgott steht. Ich muss mal durch.«

(Schalkes Mike Büskens nach dem 1:0 über den BVB, als ihm Jürgen Kohler im Weg stand)

Sind Sie wirklich so cool?
Es wirkt, als könnten Sie
Eiswürfel urinieren.

(DSF-Moderator Frank Buschmann nach einem Sieg zu Kurt Jara, der ihm vorerst den Job sicherte)

Autogrammkarte von Frank Buschmann aus seiner Zeit beim DSF

»Horst Hrubesch sah ja auch an besseren Tagen nach dem Aufstehen so aus, als ob er sich mit einer Bratpfanne ins Gesicht gehauen hat.«

(Oliver Welke)

Frank Mill pflegte den Schiedsrichtern nach einem Foul stets zu sagen: »Ich wasche meine Hände in Unschuld.«

Man of the Match: WM-Finale 2014

Mario Götze im April 2012 auf dem Cover des Stadionmagazins des BVB

»Ja, Glühwein getrunken!«

(Mario Götze auf die Frage, ob Dortmund in der Halbzeit auf Wintermodus umgeschaltet habe)

»Das wird ein lockerer Aufgalopp.«

(Darmstadts Abwehrspieler Florian Jungwirth vor dem Auswärtsspiel beim FC Bayern München)

Schiri Max Klauser wird am neunten Spieltag vom Arminen Büscher mit einem kräftigen Schuss niedergestreckt. Der Ball trifft ihn voll ins Gesicht. Als einer schreit »Die Pfeife ist weg«, befürchtet Büscher, Schiri Klauser habe sie verschluckt. Doch als dieser wieder aufwacht, zeigt er sich tief beeindruckt: »Mensch, war das ein Hammer!«

»Bitte nicht, wir Schwatten müssen doch zusammenhalten.«

(Anthony Baffoe, der dunkelhäutige Spieler von Fortuna Düsseldorf, zum in Schwarz gekleideten Schiedsrichter Werner, als dieser ihm die Gelbe Karte zeigen will)

»Hass gehört nicht in die Stadien. Die Leute sollen ihre Emotionen zu Hause in den Wohnzimmern mit ihren Frauen ausleben.«

(Berti Vogts)

»Wissen Sie, warum Sepp Maier keine Hunde mag? Die machen immer Kleff-Kleff.«

(Wolfgang Kleff)

Der Gladbacher Wolfgang Kleff mit dem Komiker Otto Waalkes

»Das einzige Tier bei uns zu Hause bin ich.«

(Oliver Kahn)

TV sport Sat.1 arbeitet auf Bewährung
Nr. 4 22. Januar 2003
Nur 1,– €
Sport Bild
www.sportbild.de
Auf 18 Seiten! Alle Infos zum Liga-Start
BAYERN MÜNCHEN Beckenbauer stichelt gegen Elber
BORUSSIA DORTMUND Sammer droht mit Rekordstrafe
WERDER BREMEN Micoud hat Angst vor Schiedsrichtern
Ein Schwein setzt gegen ihn
SCHALKE 04 Thon WM-Botschafter wie Seeler und Eckel
HERTHA BSC Geheim-Verhandlung mit Klose und Asamoah
Oliver Kahn
Millionen mit der falschen Frau
Die Nebenverdienste des Welt-Torwarts
Jan Ullrich exklusiv: Platz 15 reicht mir!

Oliver Kahn im Januar 2003 auf dem Titel der »Sportbild«

»Ich kenne da einen zwölfjährigen Jungen, der ist auf dem Geschwister-Scholl-Gymnasium. Und der hat ernsthaft geglaubt, das seien die Geschwister von Mehmet Scholl.«

(WDR-Moderator Manni Breuckmann)

Manni Breuckmann beim Kickern

»Grundsätzlich werde ich versuchen zu erkennen, ob die subjektiv geäußerten Meinungen subjektiv oder objektiv sind.
Wenn sie subjektiv sind, werde ich an meinen objektiven festhalten.
Wenn sie objektiv sind, werde ich überlegen und vielleicht die objektiven subjektiv geäußerten Meinungen der Spieler mit in meine objektiven einfließen lassen.«

(Erich Ribbeck)

Bayern: Kostet der Rummel um Matthäus den Titel?

Sport Bild

EXKLUSIV

Das erste EM-Duell

1:0 für Ribbeck

Sir Erich sagt, auf wen er sich verlässt

Keegan sagt, vor wem er Angst hat

DFB hilft der Eintracht

Nowitzki verdrängt Schrempf

Der erste EM-Skandal

Wie die Fans betrogen werden

Formel 1 Wie weit sind die Teams?

Erich Ribbeck im Januar 2000 auf dem Cover der »Sportbild«

Vor versammelter Mannschaft zieht Louis van Gaal untenherum blank, wie Ex-Star Luca Toni beeindruckt der Sportbild berichtet: »Der Trainer wollte uns klarmachen, dass er jeden Spieler auswechseln kann – egal, wie er heißt – weil er Eier hat. Um das zu demonstrieren, ließ er die Hosen runter. So etwas habe ich noch nie erlebt, das war total verrückt. Ich habe aber nicht viel gesehen, da ich nicht in der ersten Reihe saß!«

Eine Bereicherung der Bundesliga: der Italiener Luca Toni

Starschnitt
Uwe Klimaschefski

Mit dem 1. FC Saarbrücken stieg Uwe Klimaschefski von der Regionalliga in die Bundesliga auf.

Man kann mit Fug und Recht behaupten: Uwe Klimaschefski ist der Sprüchekönig unter den Bundesligatrainern. Dass ihn heute dennoch viele Fußballfans nicht mehr kennen, hat damit zu tun, dass er nie die ganz großen Erfolge feiern durfte. Auch wenn er manchen Scherz und Schabernack mit seinen Profis trieb (»Meine Spieler sind Intellektuelle. Die haben Maos Tod letzte Woche noch nicht verkraftet«), haben sie ihn trotz allem geliebt und verehrt. Franco Foda sagte einmal: »Wer unter Klimaschefski ein Jahr durchhält, der ist einen großen Schritt weiter im Leben gekommen und braucht sich vor nichts mehr zu fürchten.«

»Was will der? Geld? Der soll froh sein, wenn er auf unserem Platz den Sauerstoff kostenlos einatmen darf.«

Niederlagen nahm der Bremerhavener persönlich: »Jetzt zieht euch warm an. Ich reiße euch den Arsch auf. Bis zur Naht!«

»Weitere Fragen kann ich nicht beantworten. Ich muss jetzt zu meinen Spielern. Die sind so blind, dass sie den Weg von der Kabine zum Bus nicht finden.«

Ein unbändiger Ehrgeiz stachelte Klimaschefski an, wie Homburgs damaliger Spieler, Harald Diener, einmal der Presse verriet: »Wenn unser Trainer mit seiner Mannschaft im Rückstand liegt, dauert ein Spiel oft drei Stunden. Wenn man dann heimkommt, sind die Filets so hart, dass man sie nicht mehr essen kann.«

Als ein Journalist einmal wissen wollte, wann der Trainer denn die nächsten Spieler verkaufen würde, antwortete Klimaschefski: »Wenn die Schrottpreise wieder steigen!«

Generell ging er mit seinen Profis ging gerne verbal hart ins Gericht: »Unsere Spieler können 50-Meter-Pässe spielen: 5 Meter weit und 45 Meter hoch.«

Einen spanischen Testspieler ließ Uwe Klimaschefski einmal in voller Fußballkluft unter der Dusche mit dem Ball jonglieren: »Lass mal sehen, wie du bei Regen spielst!« Und als Dieter Müller aus der Schweiz in die Bundesliga zum 1. FC Saarbrücken zurückkehrte, sah Klimaschefski noch viel Arbeit auf seinen Stürmer zukommen: »Von seinem Grasshopper-Trip hat er eine Menge Schweizer Speck mitgebracht.«

»Das ist ja Europas modernste Großraumsauna.«

(Heiko Herrlich zur Arena auf Schalke)

»Man soll auch die anderen Mannschaften nicht unter dem Teppich kehren lassen.«

(Olaf Thon)

»Das Tor gehört zu 70 Prozent mir und zu 40 Prozent dem Wilmots.«

(Ingo Anderbrügge)

Ingo Anderbrügge spielte von 1984 bis 1988 für Borussia Dortmund und wechselte dann nach Schalke, wo er bis 1999 aktiv war.

Steffen Freund beschert den Königsblauen durch sein Tor einen Punkt beim FC Bayern München. Trainer Udo Lattek sieht seinen 22-jährigen Schützling bereits auf dem Weg in die Nationalmannschaft und sagt mit einem breiten Grinsen im Gesicht: »Das Spiel stand heute unter dem Motto: Mein Freund ist Ausländer. Aber mein Freund ist der Größte!«

»Ich werde bei den Trainingseinheiten nicht selber mitmachen. Schließlich will ich nicht noch mehr Verletzte haben.«

(Huub Stevens)

»Ich bin nicht hübsch, ich bin kein Alain Delon und kein Macho, sondern ein Glatzkopf. Deshalb wundert mich das Ganze schon ein bisschen.«

(Bremens Trainer Viktor Skripnik, von Arnd Zeigler als Spieler „Beckham von der Weser" getauft, fragt sich, warum er eigentlich so eine Kultfigur in Bremen sein soll.)

»Das Wichtigste ist, dass man sich den Kopf nicht vollmacht.«

(HSV-Stürmer Pierre-Michel Lasogga über seine 148 Tage lange Torflaute, die er im April 2016 mit zwei Treffern gegen Werder Bremen beendete)

»Ich verbiete alles, die dürfen nur noch trinken und essen. Schade für die Frauen.«

(Stuttgarts Trainer Huub Stevens über mögliche Verbote für seine Spieler vor einem Bundesligaspiel gegen den HSV)

»Che Guevara war ein Rebell, ein Kämpfer für sein Land. Das will ich auch sein. Ich will den Schwachen helfen. Das ist im Fußball genauso, da muss man den schwachen Gegner auch aufbauen. Das ist so eine eigene Logik von mir, dazu will ich gar nicht viel sagen.«

(Thorsten Legat zu seiner Che-Guevara-Tätowierung)

Thorsten Legat im Oktober 1990

Als Ailton nach Schalke kommt, wird er nicht unbedingt mit offenen Armen empfangen, schließlich hatte er noch im Frühjahr 2004 über seine neue Heimatstadt gesagt: »Alles, was ich bisher über Gelsenkirchen gehört habe, ist ein Desaster.« Als er dann auch noch mit einem Leihwagen mit Dortmunder Kennzeichen vorfährt, muss er ganz schnell versprechen, sich ein Auto mit Gelsenkirchener Nummer anzuschaffen. In diesem Zuge sichert er den Fans auch zu, die Grünfläche vor seinem Haus ebenfalls an seinen neuen Arbeitgeber anpassen zu wollen: »Den Rasen in meinem Garten färbe ich noch blau. Grün ist die Werder-Farbe, aber jetzt bin ich ein echter Schalker.« Die Schalker Fan-Initiative e.V. schreibt ihm dennoch einen offenen Brief: »Sehr geehrter Herr Goncalves da Silva. Wir haben uns Gelsenkirchen nicht ausgesucht und Schalke auch nicht. Wir sind es! Komm ma lecker bei uns bei – und nach der ersten Meisterfeier mit uns wirst du am nächsten Morgen gar nicht mehr wissen, wo Bremen überhaupt liegt.«

»Ailton ist wie Medizin für Kranke.«

War eigentlich nur in Bremen richtig erfolgreich: der Torjäger Ailton.

»Ich habe genau 75 Milliliter geschafft. Aber neuerdings braucht man 90!«

(Kevin Kuranyi konnte bei der Dopingkontrolle nicht genug pinkeln.)

»Das Positivste an dem Spiel war, dass ich hier viele alte Bekannte getroffen habe. Leider aber nicht den Ball.«

(Kaiserslauterns Wolfram Wuttke über ein Spiel beim HSV)

Juli 1986: Jürgen Wegmann ist noch keine zwei Wochen auf Schalke, als er auf der Geschäftsstelle wie jeder andere Spieler auch 3.000 Autogrammkarten zum Unterschreiben mit auf den Nachhauseweg bekam. Am nächsten Tag stand er wieder vor der Sekretärin und forderte weitere 3.000 Autogrammkarten. Wo er die ersten 3.000 gelassen habe, fragte die Sekretärin: »Verloren?« Wegmann antwortete cool: »Nö, hab' ich in meinem Viertel verteilt.«

»Ich bin leider nicht zu sprechen, weil ich im Keller meine Waffen putze.«

(Anrufbeantworter von Toni Polster)

»Das war heute eine gute Erfahrung – aber jede Woche muss ich das nicht haben.«

(Leverkusens Torschütze Julian Brandt über ein Kampfspiel in Darmstadts altem Stadion)

»Match Attax«-Sammelbild der Saison 2015/16

In seinem Buch »Alles« lässt Bodo Illgner sein fiktives Alter Ego »Kevin« den Kalauer-Satz sagen: »Lieber vor dem Spiel auf die Toilette, als im Spiel in die Hose.« Im Buch ist das Kevins »Lieblingsspruch« und »durchaus doppeldeutig« gemeint.

Dr. Peter Krohn war von 1973 bis 1975 Präsident des HSV, anschließend für zwei Jahre Manager des Klubs.

»Ich bin vor Begeisterung aufgesprungen und habe mir selbst die Hand gegeben.«

(HSV-Manager Dr. Peter Krohn nach dem ersten Bundesligator von Kevin Keegan)

»Der unterhält sich am liebsten über Schlümpfe. Mir liegt Politik mehr am Herzen.«

(Jimmy Hartwigs Meinung über Pierre Littbarski ist nicht sonderlich hoch.)

Frage an KSC-Abwehrspieler Dirk Schuster: »Was hat Sie in der letzten Saison am meisten berührt?« Antwort Schuster: »Meine Frau!«

»Wir waren quasi der Ferrari unter den Schnecken.«

(Leverkusens Bernd Leno zum Kampf um den dritten Champions-League-Platz in der Bundesligasaison 2015/16)

Peter Neururer macht vor Publizistik-Studenten einen Scherz: »Sie wissen: Rauchen ist schädlich, das Kapillarsystem verengt sich. Aber ich trinke abends ein paar Bierchen, um die Äderchen wieder zu erweitern. So bleibt mein Gefäßsystem elastisch.«

Branko Zebec saß bei insgesamt 413 Bundesligaspielen auf der Trainerbank (FC Bayern, VfB Stuttgart, Eintracht Braunschweig, HSV, Borussia Dortmund und Eintracht Frankfurt).

Kurz vor dem Ende der Saison 1981/82 ist die Karriere des Branko Zebec im Ruhrgebiet vorbei. Bei einem Auswärtssieg des BVB in Braunschweig ist Zebec zwar während der 90 Minuten nüchtern, aber als er anschließend auf der Pressekonferenz erscheint, ist der Trainer bereits sichtlich angetrunken. Später kommt heraus, dass Zebec sich in einem unbeobachteten Moment in der kleinen Küche im Kabinentrakt mit Weinbrand und Jägermeister versorgt haben muss. Mit diesem Wissen im Kopf klingen seine Worte auf der Pressekonferenz nicht mehr ganz so philosophisch: »Haben wir gesehen, was wir gesehen haben ...«

»Der schlägt so viele Kerzen, als wenn morgen Weihnachten wäre.«

(Werner Hansch über Thomas Kroth)

Autogrammkarte der Saison 1989/90

Songs

Norbert Nigbur rappt in seinem Smashhit »Darum weißt du nichts von mir« zu fetzigen Discorhythmen die unsterblichen Zeilen: »In der Wohnung geht ein Licht an, und ich dachte, ein Gedicht, man. Denn ich sah dich am Fenster stehen, die Figur und so, wunderschön.«

Kevin Keegans Schallplatte **»Head over Heels in Love«** verkauft sich europaweit schnell über 400.000-mal. Für einen HSV-Sponsor schlüpft der Engländer in die Rolle des »Super-Kevin« – ein Comic-Held, der für sparsamen Energieverbrauch kämpft. Gage hierfür: »Weniger, als der Kino-Superman Christopher Reeve bekommen hat!« Meint der Sponsor. Und vergisst zu erwähnen, dass der Filmheld über eine halbe Million Mark kassierte.

»Wenn den Mockba nicht bald einer deckt, dann haut er uns noch mehr rein!«

(Borussia Dortmund lag in einem Freundschaftsspiel in Moskau zur Halbzeit mit 0:3 zurück, was in kyrillischen Buchstaben auf der Anzeigetafel zu lesen war: 1:0 Mockba, 2:0 Mockba, 3:0 Mockba. Stan Libuda machte gegenüber Horst Trimhold seinem Ärger Luft.)

Roman »The Rock« Weidenfeller im November 2006 auf dem Cover von »Borussia aktuell«.

»We have a grandios Saison gespielt!«

(Roman Weidenfeller)

»Fußball ist wie in der Natur. Die starken Tiere fressen die schwachen Tiere schnell weg. Und wenn ich die Tabelle angucke, sehe ich, dass wir gerade im Moment eher zu den schwachen Tieren gehören. Und da ich nicht gerne gebissen werde und lieber zurückbeiße, werde ich die Mannschaft versuchen zu motivieren, ab jetzt, und am liebsten schon am kommenden Sonntag zurückzubeißen.«

(Heiko Herrlich, Trainer des VfL Bochum)

Autogrammkarte aus der Saison 2009/10 …

… und eine aus der Spielzeit 1989/90

»Wenn ich Durchmarsch habe, muss ich immer Kohletabletten nehmen.«

(Norbert Meier auf die Frage, ob ein Durchmarsch von der dritten in die erste Liga denkbar ist)

»Früher gab es kein Ozon, eher mal einen Tritt in den Arsch.«

(Rolf Rüssmann)

»Mein Name ist Finken, und du wirst gleich hinken.«

(Herbert Finken)

»Es gibt im Nachwuchsbereich Spieler mit einer Einstellung zum Leistungssport wie die Nutten von St. Pauli – die rauchen, saufen und huren.«

(Eduard Geyer)

»Ich weiß auch nicht, wo bei uns der Wurm hängt.«

(Fabrizio Hayer, Spieler von Mainz 05)

»Wir müssen die Köpfe hochkrempeln und die Ärmel natürlich auch.«

(Lukas Podolski)

»Lieber Ausland als Schalke«: Podolski im Dezember 2011 auf dem Cover der »Sportbild«

»Wenn der Song auch noch bei Bayern wäre, würden die ihre Gegner schon in der Kabine fressen.«

(Johannes B. Kerner zu einem Gerangel zwischen Oliver Kahn und Rigobert Song)

Starschnitt Willi Lippens

»Ich danke Sie.«

(Nachdem der Schiri zu ihm gesagt hatte: »Ich verwarne Ihnen.«)

Frage: »Herr Lippens, seit wann haben Sie Senk-, Spreiz- und Plattfüße?«
Antwort: »Seit ich in Holland die Berge plattgetreten habe.«

»Ich habe nie eine Torchance überhastet vergeben. Lieber habe ich sie vertändelt.«

»Komm doch, komm doch!«, ruft Willi Lippens dem Torwart der Eintracht, Peter Kunter, zu. Nach einem Steilpass steht der Essener alleine am Strafraumeck und lockt den Torhüter aus dem Kasten. Und Dr. Peter Kunter tut ihm den Gefallen. Er läuft der »Ente« drei, vier Schritte entgegen und muss mit ansehen, wie der »Knicker schön oben im langen Eck« versenkt wird. Es ist das Tor zum 2:1 für Rot-Weiss Essen. Spektakulär erzielt. Am Ende steht es zwar 6:3 für RWE, doch dem Eintracht-Keeper ist es fast egal. Er kann Lippens nicht böse sein. Kunter schwärmt noch heute von dem wendigen Essener: »Der war die halbe Bundesliga wert!«

»Berti Vogts hatte vor jedem Spiel gegen mich Dünnschiss.«

»Der Lippens kann am Ball alles – sogar Aufpumpen und Einfetten.«

(»Pille« Gecks über seinen Kollegen)

Glänzende Augen bekommt der frühere BVB-Spieler Willi Lippens, wenn er von Schiri Walter Eschweiler erzählt. Mit dem hat der halbe Holländer aus dem Ruhrgebiet immer viel Spaß auf dem Platz gehabt: »Wir haben uns oft unterhalten während des Spiels. Eckball für uns, bin ich raus zur Fahne, kam er hinterher: ›Na, Wilhelm, wie geht es zu Hause?‹ Sag ich: ›Danke, Walter, uns geht es sehr gut. Soll ich jetzt die Ecke schießen oder möchtest du, dass ich noch was erzähle?‹ Oder wenn du gefoult worden bist und hast auf dem Boden gelegen, da kam er dann vorbei – so in seiner Art mit den strammen Beinen und dem glatt gebügelten Oberkörper – und hat zu dir nach unten geschaut: ›Jung, suchst du was, hast du was verloren?‹«
Auch die ganz persönlichen Scherze lässt Walter Eschweiler in diesen Tagen nicht aus, wie sich Lippens mit einem schelmischen Grinsen erinnert:

»Mir hat der immer gesagt: ›Ich glaub, Wilhelm, deine Frau betrügt uns!‹«

Willi »Ente« Lippens im Januar 1976 auf dem Cover des »Kicker«

Autogrammkarte aus seiner Zeit beim BVB (1976 bis 1978)

Mit Tränen in den Augen erzählt Neururer heute noch von dem Morgen, als sein Spieler Arno Glesius (1. FC Saarbrücken) zu ihm in die Kabine kam und meinte: »Trainer, ich muss mal eben für drei Stunden weg: Von 8 bis 10!« Kurz darauf war Neururer so sehr von seinem Team enttäuscht, dass er vor dem Auswärtsspiel in München anordnete: Jeder muss sich selbst um seine Schuhe kümmern! Das taten auch alle. Doch als der Bus vor dem Olympiastadion an einem herrlich-warmen Frühlingstag vorfuhr, erwachte Glesius gerade aus dem Schlaf, schaute aus dem Fenster und blickte auf riesige Eisberge. Sofort lief er zu Neururer nach vorne und schrie verzweifelt: »Trainer, ich Idiot habe nur Sommerschuhe eingepackt!« Neururer schaute hinaus und sah verzweifelt auf die Arbeiter, die gerade die Eisbahn am Olympiastadion für den Sommer abtauten. Die Partie ging übrigens 0:6 verloren. Nur Trainer Neururer schaffte es, sich auch nach dieser Begegnung etwas von seinem Galgenhumor zu erhalten: »Ausgesehen haben wir wie die Brasilianer, gespielt haben wir wie Barfuß Kairo.«

Autogrammkarten der Saison 1991/92 (KSC) und 1993/93 (Saarbrücken)

»Du kannst auf meiner Plantage arbeiten.«

(Der dunkelhäutige Spieler Anthony Baffoe zu einem weißen Gegenspieler)

Horst Heldt war von Juli 2010 bis zum Sommer 2016 Manager auf Schalke.

»Wer das vorher gedacht hätte, hätte das sicher nicht für möglich gehalten.«

(Manager Horst Heldt über eine Schalker Siegesserie)

»Irgendwann in seinem Leben, um im Bild zu bleiben, ist er falsch abgebogen.«

(Dortmunds Trainer Jürgen Klopp zur Führerschein-Affäre von Marco Reus)

»Ich habe 'ne Oberschenkelzerrung im linken Fuß!«

(Guido Buchwald)

»Da kam dann das Elfmeterschießen. Wir hatten alle die Hosen voll, aber bei mir lief es ganz flüssig.«

(Paul Breitner)

»Mir wäre es lieber, wenn irgendwann bei Wikipedia steht, dass wir gemeinschaftlich den Abstieg verhindert haben.«

(Trainer-Neuling Julian Nagelsmann zu seiner Rekordmarke als jüngster Bundesliga-Coach)

»Er muss ja nicht unbedingt dahin laufen, wo ich hingrätsche.«

(Neven Subotic)

Autogrammkarte der Saison 2010/11

»Wir schießen so wenig Tore, vielleicht heißen wir deshalb auch die Knappen.«

(Manuel Neuer hat eine Idee, warum sein Team beim FC Schalke 04 so selten das Tor traf.)

»Es war ein wunderschöner Augenblick, als der Bundestrainer sagte: Komm, Steffen, zieh deine Sachen aus, jetzt geht's los.«

(Steffen Freund)

»Wer hinten steht, hat das Pech der Glücklosen.«

(Helmut Schulte)

»Es ist Wahnsinn, wenn die anrollen mit sechs, sieben Weltklassespielern vorne drin. Da möchte ich nicht Abwehrspieler sein.«

(Darmstadts Torjäger Sandro Wagner im Februar 2016 über die Offensivwucht des FC Bayern)

»Match Attax«-Karte der Saison 2015/16

»Dann müssen aber mindestens 300 in den letzten Tagen gestorben sein.«

(Österreichs Kurt Jara, nachdem Kaltz gesagt hatte, er würde sich zu den drei besten Verteidigern zählen)

Roy Präger nach einem 1:1 gegen Hansa Rostock im Dezember 1997

»Auffe Bank sitzen is scheiße, da tut dir der Arsch weh.«

(Wolfsburgs Roy Präger)

»Als ich in die Pubertät kam und ich selbst anfing, meinen Körper zu erkunden, wurde es besonders schwierig. Wenn einmal alle – Mutter, Oma, Opa, Onkel Werner und Onkel Karl-Heinz – aus dem Hause waren, onanierte ich unter der Bettdecke, und nicht selten musste ich aufhören, wenn es am schönsten war. Weil ich hörte, wie sich ein Schlüssel in der Haustür drehte. Gelang es mir nicht, rechtzeitig abzustoppen, gab es großes Geschrei: ›Ihhhgitt, du aal' Sau, bäh, des is' ja eegelhaft, des mescht man net! Des mescht ja Flegge‹, schrie meine Mutter angewidert. Und batsch, polierte sie mir die Glatze, wie man bei uns sagte.«

(Aus: Jimmy Hartwig: »Ich möcht' noch so viel tun …«)

Bei einer Übung ließ ein Unteroffizier Günter Schlipper eine Dreiviertelstunde strammstehen. Als »Schlippinho« dann beim Schießen fünfmal die Scheibe nicht traf, spotteten die Kollegen: »Genau wie auf Schalke.«

»Wir haben den Agali wirklich falsch behandelt. Wir hätten im Kopf anfangen sollen und nicht im Knie.«

(Rudi Assauer über Victor Agali)

Panini-Sammelkarte von 1994.

Autogrammkarte der Saison 1992/93.

Wie Michael Schulz zu seinem »Doppelnamen« (Schulz-DuSau) kam, weiß er genau: »Ich kann mich noch gut erinnern. Nijhuis foulte mich, bekam eine Gelbe Karte und ab da schrie das ganze Pack: ›Schulz, du Sau, Schulz, du Sau!‹ Ich machte trotzdem ein gutes Spiel und ich weiß noch, dass ich hinterher beim Interview auf die Frage, warum ich denn trotz der Beschimpfungen so gut gespielt hätte, sagte: ›Ich weiß auch nicht, es ist unfassbar, wie viele Idioten in einen Fanblock reinpassen!‹«

»Schwankungen? Wir haben in dieser Saison konstant gespielt – mit drei, vier Ausbrechern.«

(Lars Ricken)

Autogrammkarte der Saison 1994/95

Klaus Augenthaler im Oktober 1989 auf dem Cover der »Sportbild«

»Einmal war ich mit meiner Frau im Keller und habe gesehen, wie sie die Wäsche aus der Waschmaschine holte und in den Trockner warf. Da hab ich sie gefragt: Warum wäschst du jetzt noch einmal?«

(Klaus Augenthaler)

»Unser Medizinmann Ritschi Müller ist so fromm, dass er beim Duschen mit uns die Augen schließt.«

(Sepp Maier)

Autogrammkarte der Saison 1999/2000

»Ich bin einfach heiß auf alles. Heiß auf die Champions League, heiß auf die Bundesliga – und meine Frau wartet daheim auch schon.«

(Hasan Salihamidzic)

»Ich bin immer offen für Kritik, nur sie muss konstruktivistisch sein.«

(Michael Skibbe)

Michael Skibbe im Februar 2000 auf dem Titel des Stadionmagazins vom BVB

»Ich halte nix von Sex vor dem Spiel, besonders weil ich mir das Zimmer mit Salou teile.«

(Jan Åge Fjørtoft)

Als die Frankfurter Eintracht 1992 im letzten Saisonspiel in Rostock die Meisterschaft endgültig versaut hat, regiert der Frust bei den Spielern. In der Kabine fliegen die Flaschen umher. Sie sind aus Glas. Stürmer Axel Kruse nimmt da lieber Reißaus und geht vor der Tür eine rauchen. Als er gerade in Gedanken genüsslich an seiner Zigarette zieht, kommt Schiri Alfons Berg um die Ecke. Er hatte kurz vor Ende der Partie einen Elfmeter an Ralf Weber nicht gepfiffen. Nach der Meinung von Axel Kruse und aller Beobachter im Stadion war das der »klarste Strafstoß, den ich je in meinem Leben gesehen habe«. Verständlicherweise sind die Eintracht-Stars nicht gut auf den Schiri zu sprechen. Doch Berg hat mittlerweile Fernsehen geschaut und seinen Fehler eingesehen. Das sagt er Kruse und meint noch: »Ich gehe jetzt in eure Kabine und entschuldige mich!« Der Eintracht-Stürmer grinst nur, legt eine Hand auf des Schiris Schulter und sagt: »Alfons, ganz ehrlich, ich glaube, das ist keine gute Idee.« In diesem Moment hören die beiden, wie wieder eine Flasche an der Kabinenwand zerspringt. Berg tritt erschrocken zurück, senkt den Blick gen Boden und verschwindet ohne ein weiteres Wort.

Autogrammkarte der Saison 1991/92

Das Buch zur Trauma-Verarbeitung

Den schlechten Zustand des Braunschweiger Rasens quittiert Toni Schumacher mit einem feinen Spruch: »Der Günter Mast will wohl demnächst im Stadion die Kräuter für seinen komischen Schnaps anpflanzen.«

»Helmes spielt sehr ökologisch – er verbraucht wenig Sauerstoff und schont den Rasen.«

(Kommentator Wolff-Christoph Fuss)

»Ich habe 15 Jahre Gymnastik in Burkina Faso gemacht.«

(Torschütze Wilfried Sanou über seinen Flickflack-Jubel)

Autogrammkarte der Saison 2003/04

»Sag mir, wenn du Geburtstag hast, damit ich dir rechtzeitig einen eigenen Ball schenken kann.«

(Der niederländische Trainer Rinus Michels zu Pierre Littbarski, nachdem dieser das Fummeln etwas übertrieben hatte)

»Der Trainer hat gesagt, wir sollen den Fokus höher legen.«

(Lukas Podolski)

Poldi mit Popstar Miley Cyrus

»20 gegen zwei? Trainer, glauben Sie, das geht?«

(Kölns Michael Kostner, nachdem Peter Neururer ein Trainingsspiel Raucher gegen Nichtraucher angeordnet hatte)

»Ich weiß nicht. Das ist doch meist am Mittwochabend. Da habe ich Kegeln.«

(Kölns Paul Steiner auf die Frage, ob er gerne in der Nationalelf spielen wolle)

Paul Steiner im November 1983

»Ich muss erst abwarten, wie er drauf ist. Vielleicht hat er sich eine Gehirnzerrung zugezogen.«

(Peter Neururer über Wolfram Wuttke)

Autogrammkarte der Saison 2006/07

»Eher würde eine Hella von Sinnen mannstoll als aus dem Polen ein erfolgreicher Stürmer.«

(Der »Kicker« über Richard Cyron)

»Es ist nichts scheißer als Platz zwei.«

(Erik Meijer)

Anfang der Saison 1989/90 hängt plötzlich genau über dem Platz von Andreas Möller ein Messer in der Dortmunder Kabine und darunter ein Zettel. Wie sich später herausstellt, sind es nicht irgendwelche frustrierten »Fans« von außerhalb, wie anfangs von der Polizei vermutet wurde, nein, es ist Mitspieler Michael Schulz, der sich diesen »Streich« erlaubt: »Ich war wieder einmal gesperrt und Andi hatte diese Phase, wo er beim Publikum wenig gelitten war, weil er trotz aller Beteuerungen zum BVB einen Wechsel anstrebte. Und ich bin ja für meine Späße bekannt geworden. Da habe ich ein Brotmesser mit einem Tape an seinen Kabinenhaken gehängt, mit einem Totenkopf drauf und dem Spruch: ›Wir kriegen dich auch noch!‹ Was ihn dazu veranlasste, erstens nicht zum Training zu gehen und zweitens nicht spielen zu wollen. Das hatte wiederum eine Geldstrafe für mich nach sich gezogen!«

»Zu Hause bin ich Macho. Da finde ich nicht mal den Knopf der Kaffeemaschine.«

(Kurt Jara)

Starschnitt
Tim Wiese

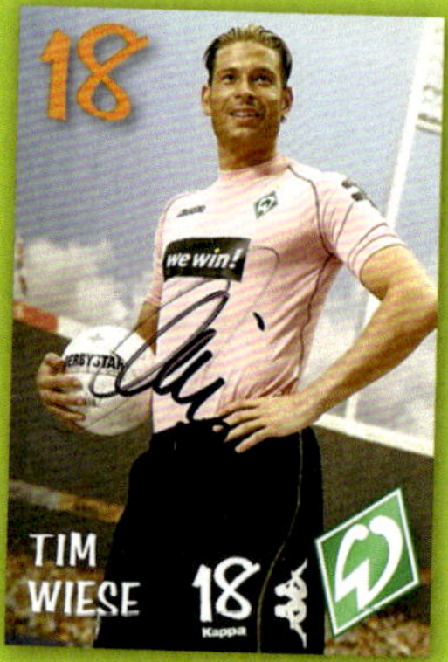

»Er ist ein Torwart und er sieht gut aus – Tim, Tim, Tim, Tim, Tim, Tim, Tim!«

(Song der Werder-Fans mit der Melodie des alten Kraftwerk-Hits »Das Modell«)

»Ich hab doch ein schönes Leben – im Gegensatz zu euch.«

(Während seiner Zeit bei der TSG Hoffenheim zu Journalisten, als er längst aussortiert war)

»Tim Wiese bleibt aussortiert. Er wird sich trotzdem nicht vorkommen wie der dicke Junge auf dem Schulhof. Der durfte wenigstens mitspielen.«

(Peter Müller zu Wieses Situation bei der TSG Hoffenheim)

»Gibt es in Hoffenheim eigentlich Sunpoint?«

(Hans Sarpei zur Verpflichtung von Wiese)

»SVW – Schön Verdaddelt Wiese«

(Plakat von HSV-Fans)

»Ein in Fitnessstudios grotesk aufgeblasener und solariumverbrannter Vollprolet, der hin und wieder gut hält und sich ansonsten darauf konzentriert, seinen Gegenspielern die Knochen zu polieren.«

(»Frankfurter Rundschau« über Tim Wiese)

»Mir hat unser Koch, der Sauhund, immer was ins Essen getan, da hat sich unten nichts gerührt. Und wenn, dann hab ich auf Handbetrieb geschaltet.«

(Sepp Maier über menschliche Bedürfnisse im Trainingslager)

Hardy Krüger und Paul Breitner zusammen im Film »Potatoe Fritz«

Das »Bayern-Magazin« vom 22. Januar 1983

»Reklame machen für Klopapier? Bei so einem Hintern, wie ich ihn habe, könnte ich das unbedingt tun.«

(Paul Breitner)

»Guardiola ist für das Alpenvorland, was Obama 2008 für die westliche Welt war.«

(»spiegel.de«)

»Shanghai hat 22 Mio. Einwohner, so viele gibt es ja in Europa fast nicht.«

(Bastian Schweinsteiger)

»GQ«-Cover mit »Schweini« zur EM 2012

»Ich kann nicht sagen, dass ich es nicht gesagt habe, weil ich es gesagt habe.«

(Mehmet Scholl)

»Ich als Verein musste reagieren!«

(Jean Löring, langjähriger Präsident von Fortuna Köln, zur Entlassung des Trainers Harald Schumacher in der Halbzeitpause)

»Ich habe eine gute und eine schlechte Nachricht. Die schlechte: Der Trainingsplatz stand unter Wasser. Die gute: Es ist keiner ertrunken.«

(Uli Maslo, Trainer vom FC St. Pauli)

Spielte für Fortuna Düsseldorf, Hansa Rostock und Energie Cottbus in der 1. und 2. Bundesliga: Christian Beeck.

»Wir arbeiten jede Woche wie die Schweine, da können wir im Karneval auch mal die Sau raus lassen.«

(Christian Beeck zu seiner Zeit bei Fortuna Düsseldorf)

»We have to fight weiter.«

(Jonas Kamper, Arminia Bielefeld; als Nicht-Abstiegs-Motto kurz darauf in ganz Bielefeld plakatiert)

»Lieber arbeitslos als Österreicher.«

(Claus Reitmaier)

Autogrammkarte der Saison 1992/93; im Jahr zuvor spielten die Stuttgarter Kickers noch in der 1. Bundesliga.

»Erich Ribbeck ist vom Fußball so weit weg wie die Erde vom Mars.«

(Werner Lorant)

1860-Trainer Werner Lorant während der Saison 1997/98

Das meistfotografierte Objekt im wunderbaren Eintracht-Museum ist ein Bierbecher – er stammt vom SGE-Fan Sebastian Vettel, der bei einem Spiel der Eintracht gegen Mainz im Stadion war. Am Abend dieses Tages ist der Formel-1-Fahrer zusammen mit dem Coach der 05er, Thomas Tuchel, im ZDF-Sportstudio eingeladen. Als Mitbringsel hat Vettel eben diesen Bierbecher mit dem Spruch »Als Erinnerung an den 0:2-Erfolg« versehen, unterschrieben und in Papier eingeschlagen. Tuchel fand das Geschenk nicht so prickelnd, vor allem weil Vettel bei der Übergabe noch sagte: »Wenn Sie den Becher umdrehen, haben Sie eine Vitrine für die ganzen Pokale von Mainz 05!« Nach der Sendung schmiss Tuchel den Becher weg, doch ein Mitarbeiter des ZDF fischte ihn aus dem Müll und übergab ihn dem Museum. Nun steht er dort unter Glas, sorgt immer noch für Belustigung und wird eifrig fotografiert.

»Früher passten seine Freunde in einen Eisenbahnwaggon, heute in ein Goggomobil.«

(Reiner Calmund über Berti Vogts)

Max Merkel:
»Der Dettmar Cramer hat doch nur den Schwarzen im Senegal beigebracht, wie man Kakteen umdribbelt.«
Antwort von Dettmar Cramer:
»Hier ist der Kollege Merkel schlecht in Geografie: Im Senegal gibt es gar keine Kakteen.«

»Wenn ich ihn geschlagen hätte, hätte er das Training nicht verfolgen können.«

(Alexander Schur auf die Beschuldigungen Serge Brancos, er habe ihn in der Kabine geschlagen)

»Manchmal erscheint mir Udo Lattek im Traum. Dann rutscht mir die Hand aus.« *(Erich Rutemöller)*

»Entweder wird er ein richtiger Fußballer, oder er bleibt ewig ein Österreicher!«

(Christoph Daum über den Wiener Andy Herzog)

Panini-Premium-Sammelkarte aus der Saison 1995/96

»Herr Schaaf, nehmen Sie doch bitte das Kind vom Platz.«

(Marcel Reif über Marko Marin)

»Wenn Bremen so weiter wechseln muss, ist der Busfahrer auch bald dran.«

(Wolf-Dieter Poschmann)

»Das wird alles von den Medien hochsterilisiert.«

(Bruno Labbadia)

Ein Fehldruck aus dem Jahr 1998. Das abgebildete Foto passt nicht zum Namen.

»Gegen uns hätten wir auch gewonnen.«

(Klaus Allofs)

Auch das gab es mal: einen Düsseldorfer Torschützenkönig (Klaus Allofs im August 1979) auf dem Cover des »Kicker«.

»Ich mache jetzt erst einmal einen Leber-Ausdauertest.«

(Dieter Schatzschneider auf die Frage eines Reporters, wie er sich denn fit halte)

»Mein Problem ist, dass ich immer sehr selbstkritisch bin, auch mir selbst gegenüber.«

(Andreas Möller)

St. Paulis Duve

Nur eins verkauft – Andys Auto läuft noch nicht

● 15 Audi 80, dunkelblau, 90 PS, Preis 39 900 Mark, gelten als Andy-Möller-Modelle mit seinem Signum auf der Motorhaube. Der Käufer erhält einen von Andy signierten Ball und eine Karte zum letzten Lauf um die Tourenwagen-DM auf dem Hockenheimring als Zugabe. Der Werbevertrag Audi/Andy läuft ein Jahr. Möller selbst fährt ein Audi Coupé S2 Turbo mit 220 PS (Spitze: 248 kmh). Bisher verkaufte Andy-Audi: einer.

Frankfurts Star Möller mit dem Andy-Audi

Fotos: Köncke, Witters, Czech, Bergmann, Pohl

Starschnitt
Thorsten Legat

»Es war toll, es war klasse, es war wie ein Albtraum.«

(Nach einem hohen Heimsieg)

»Ich glaube nicht, dass der Verein mir Steine in den Vertrag legt.«

(Zu eventuellen Wechselproblemen)

Uli Borowka erzählte einmal folgende Geschichte über seinen Mitspieler Thorsten Legat:
»Eines Tages kam Thorsten schon mit schmerzverzerrtem Gesicht morgens zum Training. Coach Otto Rehhagel fragte, was denn los sei, und Legat antwortete prompt: ›Trainer, ich habe mir über Nacht den Meniskus gezerrt. Ich würde schätzen, ich falle für die nächsten drei, vier Wochen aus!‹ Rehhagel schaute Legat etwas irritiert an: ›Thorsten, das ist gut, dass Sie gleich zu mir kommen. Es ist hervorragend, dass Sie einzuschätzen wissen, was für eine Verletzung Sie haben, und fast unglaublich, dass Sie auch noch den Verletzungszeitraum eingrenzen können. Es wäre jedoch toll, wenn wir uns noch eine zweite Meinung einholen könnten – wenn das kein Problem ist?! Dann fahren Sie schon einmal los und wir machen unterdessen einen Termin im Ärztehaus.‹

Thorsten Legat 1991 im Trikot von Werder Bremen

Nach zwei Stunden kommt Legat gerade am Ende des Trainings auf den Platz gestürmt und schreit lauthals: ›Verarschen lass ich mich auch nicht!‹ Dann packt er sich ein Ballnetz, rennt zwanzig Meter vors Tor, positioniert die Lederkugeln in einer langen Reihe und drischt mit Vollkaracho und dem vermeintlich verletzten Bein auf den leeren Kasten. Sofort kommen seine Mitspieler und Trainer Rehhagel angelaufen. ›Thorsten, was ist denn passiert?‹ Legat schnaubt vor Wut: ›Die haben mich anderthalb Stunden im Wartezimmer sitzen lassen. Nix ist passiert!‹ Rehhagel spricht betont ruhig: ›Das geht natürlich gar nicht. Da werden wir uns direkt mal erkundigen!‹ Im Ärztehaus meldet sich eine nette Sprechstundenhilfe: ›Ja, wir haben uns auch schon gewundert, wo denn der Herr Legat bleibt. Gerade haben wir uns im Haus erkundigt: Herr Legat war wohl da, hat aber leider eine Etage zu tief gesessen – in der Gynäkologie!‹«

Vom Profifußballer zum Promiboxer im Winter 2014: Thorsten Legat

»Harry Koch im Mittelfeld ist so, als wenn man mit Boxhandschuhen Geld zählen will.«

(Fritz Fuchs, Trainer vom FK Pirmasens)

»Pro Jahr habe ich mich ungefähr sechs Kilometer von meinem Geburtsort entfernt. Folglich werde ich 4647 in Australien leben.«

(Marco Bode auf seiner Internetseite zu seinem bisher einzigen Umzug von Osterode im Harz nach Bremen)

»Alles, was Sie im Kopf haben, weiß ich, bevor Sie es ausgesprochen haben.«

(Otto Rehhagel auf einer Pressekonferenz zu Journalisten)

»Bei Ablösesummen will ich kein Häppchen, sondern so viel, dass ein Happyend draus wird.«

(Uwe Scherr, Spieler von Schalke 04)

»Durch unsere Reihen konnte man locker mit einem Lkw fahren und bequem drehen.«

(Klaus Toppmöller)

Klaus Toppmöller während der Saison 1997/98 in der Regenbogenkleidung vom VfL Bochum

»Ja gut, ich sag mal so: Woran hat's gelegen? Das ist natürlich die Frage und ich sag einfach mal: Das fragt man sich nachher natürlich immer!«

(Olaf Thon auf die Frage nach dem Grund einer Niederlage)

»Wenn du mich nicht anspielst, haue ich dir eine runter!«

(Stefan Effenberg zu Brian Laudrup)

Stefan Effenberg während seiner ersten Bundesliga-Jahre (1987 bis 1990) bei Borussia Mönchengladbach

Auch Lothar Matthäus verbrachte seine ersten Profijahre in Mönchengladbach (1979 bis 1984).

»Schiedsrichter kommt für mich nicht in Frage, schon eher etwas, was mit Fußball zu tun hat.«

(Lothar Matthäus auf die Frage, was er nach seiner Karriere plane)

»Ich mache mir immer Sorgen. Wenn ich aufwache und mir keine Sorgen mache, mache ich mir Sorgen, warum ich mir keine Sorgen mache.«

(Werder Bremens Manager Thomas Eichin)

»Ich will keine Karotten, ich will Möhren.«

(Volker Abramczik)

»Noch wohne ich im Hotel. Ich werde mir hier in der Nähe der Arena ein Haus suchen. Eine Absage habe ich schon bekommen. Der Vermieter wollte einen langfristigen Mieter.«

(Trainer Markus Weinzierl bei seiner Vorstellung auf Schalke im Sommer 2016)

Markus Weinzierl trainierte den FC Augsburg von 2012 bis 2016 und führte den Klub sogar in die Europa League.

»Herr Rehhagel, ich ziehe bald um. Wie viel Farbe brauche ich für ca. 70 Quadratmeter?«

(Ein Journalist auf Rehhagels letzter Bayern-Pressekonferenz, als der Trainer und gelernte Maler Rehhagel gemeint hatte, er beantworte ab sofort nur noch Fachfragen)

»Während eines Spiels die Position von der einen auf die andere Seite zu verändern, ist etwa so anspruchsvoll, wie mit einem linksgesteuerten Auto im dichten Berufsverkehr von London ausgesetzt zu werden.«

(Philipp Lahm)

Bei einem Heimspiel des SV Werder gegen Eintracht Frankfurt sind offensichtlich auch Berliner im Stadion. Am Zaun hängt ein Plakat mit dem Spruch: »Hertha – komm zurück, Mario Basler!« Der Bremer Profi reagiert launig: »Ich verstehe das Ding nicht. Meine Frau heißt gar nicht Hertha, sondern Karin.«

»Im Leben gibt es nicht nur Sahnestücke, sondern auch harten Butterkuchen.«

(Werders Torhüter Dieter Burdenski)

Mario Basler im Oktober 1995 auf dem »Werder-Magazin«

»Bei mir sind früher die Bälle kaputt gegangen. Heute halten die Köpfe nicht mehr.«

(Günter Brocker, nachdem einer seiner Spieler nach einem Kopfballduell verletzt ausgewechselt wurde)

Günter Brocker trainierte in der Bundesliga Kaiserslautern, Bremen, Schalke und Rot-Weiß Oberhausen.

»So wie ihr tretet, wächst hier kein organischer Rasen mehr!«

(Schiri Walter Eschweiler zu den Bremer Verteidigern Höttges und Piontek)

»Die Spiele gegen Werder Bremen werde ich nie vergessen. Wegen Horst-Dieter Höttges und Sepp Piontek. Wir nannten sie nur die ›Mörder-Brüder‹. Wer gegen die antreten musste, war noch nicht richtig auf dem Platz und hatte schon blaue Flecken. Sie grätschten von hinten, von der Seite, ganz nach dem Motto: ›Wenn wir den Ball treffen, auch gut. Aber es muss nicht sein.‹«

(Franz Beckenbauer)

Saison 1975/76: Horst-Dieter Höttges schaut zusammen mit seinen Mannschaftskameraden nach der Partie des 15. Spieltags, SV Werder Bremen gegen den Hamburger SV (1:3), die Zusammenfassung im Fernsehen an. Als Höttges im TV zu seinem verschossenen Elfmeter antritt, starren seine Kollegen wie gebannt auf den Bildschirm. Der Abwehrspieler ist sauer: »Warum guckt ihr da hin, meint ihr, ich kriege ihn jetzt rein?«

Horst-Dieter Höttges (Werder Bremen) im Januar 1967 mit seiner Frau zu Hause auf dem Sofa

Bixente Lizarazu ohrfeigt Lothar Matthäus beim Training – und ganz Deutschland guckt zu. Trainer Ottmar Hitzfeld bleibt nichts anderes übrig, als das Vergehen mit einer Geldstrafe zu ahnden. Er fragt seinen Kapitän Stefan Effenberg um Rat, und der hat so seine eigene Meinung: »Wieso Geldstrafe? Er müsste eigentlich Geld bekommen für das, was er gemacht hat. Dafür, dass einer dem Lothar mal was vor den Koffer gegeben hat.«

Des Kaisers Abschied war dem »Spiegel« im April 1977 sogar eine Titelstory wert.

»Abseits ist, wenn der Schiedsrichter pfeift.«

(Franz Beckenbauer)

»Ich akzeptiere den Frauenfußball, aber lieber treffe ich Frauen in der Disko.«

(Mladen Krstajic)

»Erstes Ziel ist es, die größten Flaschen zu verkaufen. Gibt es noch Pfand dafür – super. Gibt es nichts – auch gut.«

(Kölns Manager Karl-Heinz Thielen)

»You look just like Steffi Graf.«

(Nelson Mandela vor einem Länderspiel Deutschlands gegen Südafrika zu Marco Bode)

Ähnlichkeiten vorhanden? Steffi Graf und Marco Bode (Panini-Premium-Card der Saison 1995/96).

»Wenn jemand Diego kaufen will, muss er mich vorher ermorden. Diego wird Werder nur über meine Leiche verlassen.«

(Präsident Jürgen L. Born über die ständigen Wechselgerüchte)

»Sollte ich keiner Gehirnwäsche unterzogen werden, wechsele ich nie nach Dortmund!«

(Julian Draxler)

»Sportbild« im Juni 2011.

»So ist Fußball. An einem Tag bist du Michael Jackson und am nächsten Tag dann nur noch Roy Black.«

(Eljero Elia)

Stieg 1997 mit Wolfsburg in die Bundesliga auf: Willi Reimann.

»Einige müssen ihre Bauchmuskeln trainieren, obwohl sie nicht mal wissen, was das ist. Wenn wir die trainieren, kommen sie am nächsten Tag an und meinen, sie haben was mit dem Blinddarm.«

(Willi Reimann über den Trainingseifer seiner Spieler)

»Man muss seinen Namen am Stück aussprechen, sonst ist man beim Frauenfußball.«

(Gerd Niebaum über Evanilson)

»Der Wald stirbt – die Tanne steht!«

(Fanplakat auf Schalke für Fichtel, der noch mit 43 Jahren auf dem Platz stand)

Starschnitt
Peter Neururer

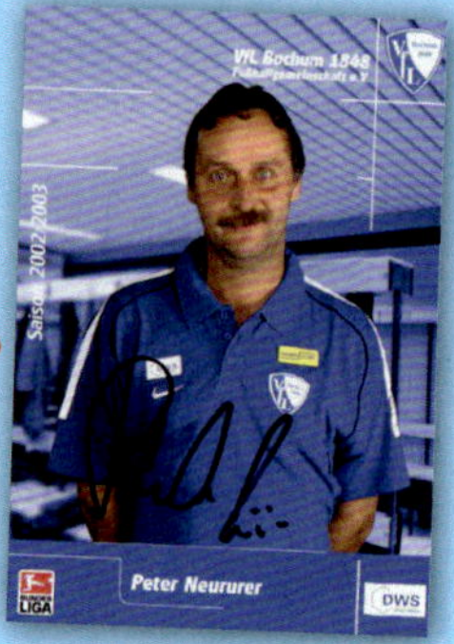

Autogrammkarte aus der Saison 2002/03

»Ich werfe elf Trikots hoch. Wer eins fängt, darf spielen.«

(Peter Neururer)

»Wenn ich der schwarze Chuck Norris bin, dann ist Peter Neururer der weiße Hans Sarpei.«

(Hans Sarpei)

»Endlich habe ich mal wieder drei Punkte geholt.«

(Als er mit 143 km/h – erlaubt waren 100 – geblitzt wurde)

»Um Gottes willen! Ich habe mal einen Spieler gehabt, einen Kapitän, der war so was von dumm, der war dumm wie … dumm wie … (Einwurf des Interviewpartners: »Brot?«). Ach, der hatte einen IQ, der so einzuordnen war wie die Temperaturen, die wir im Moment draußen haben, der war fast schon debil. Aber ein ü-ber-ra-gen-der Fußballer! Dem musste ich nichts erklären, der hat alles immer richtig gemacht. Intuitiv. Seine Fußballintelligenz war sensationell. Aber vom normalen Intellekt: katastrophal. Der hat gehupt, wenn er gegen einen Baum gefahren ist.«

(Peter Neururer auf die Frage, ob der Intellektuellste in der Mannschaft stets Kapitän sein solle)

»Geißbock-Echo« vom 9. April 1996

»Den Pass hätte sogar ich mit einem Spurt von der Bank noch abfangen können.«

(Zur Lethargie seiner Abwehrspieler bei einem 40-Meter-Pass)

»Trainingstechnisch liegen keine Welten zwischen Favre und Neururer, da liegt ein ganzes Universum zwischen.«

(Christoph Kramer)

»Wenn wir ein Quiz machen würden unter den Trainern in Deutschland, wer am meisten Ahnung hat von Trainingslehre, Psychologie, und der Trainer mit den besten Ergebnissen kriegt den besten Klub – dann wäre ich bald bei Real Madrid.«

»Das ist wie in der Liebe. Immer nur Petting ist auf Dauer sehr frustrierend. Irgendwann muss auch mal einer rein.«

(Über eine Torflaute des VfL Bochum)

»Einen hatte ich mal. Ein ganz wunderbarer Typ! Aber er hat sich über seine eigene Situation, über die Situation seines Gegenspielers, über die Sozialstrukturen in seiner Mannschaft so viele Gedanken gemacht, er hat mitten im Spiel alles so bilateral und multilateral behandelt – da war immer der Ball weg.«

(Peter Neururer auf die Frage, ob es Spieler gibt, die zu klug für Fußball sind)

Alemannia Aachen war Ende der 1980er eine seiner ersten Trainerstationen.

»Die Leute sagen: Wenn ich ins Gefängnis muss, ist der Gefängnisdirektor noch am gleichen Tag Schalke-Mitglied.«

(Schalke-Präsident Oskar Siebert)

»Ich bin der einzige Österreicher, der seinen Rucksack vorne trägt.«

(Buffy Ettmayer über sein Gewichtsproblem)

»Das wird alles hochkristallisiert.«

(René Adler)

»Wir müssen aufpassen, dass diese Seifenoper nicht das Niveau der Auseinandersetzung zwischen Dieter Bohlen und Thomas Anders erreicht.«

(BVB-Präsident Gerd Niebaum über die Querelen mit Marcio Amoroso)

Gerd Niebaum, langjähriger Präsident vom BVB, im Juni 1987

»Für Streicheleinheiten müssen wir uns eine Katze kaufen.«

(Miroslav Klose)

»Ich habe gedacht, es ist Carl Lewis mit einer weißen Maske.«

(Eric Wynalda über Harald Cerny, der Anfang der 1990er Jahre für den FC Bayern spielte)

»Trainer, Sie sind der Einzige hier im Verein, der von Fußball nichts versteht.«

(Bayerns Jan Wouters zu seinem Trainer Erich Ribbeck)

»Zwei Chancen, ein Tor – das nenne ich hundertprozentige Chancenauswertung.«

(Roland Wohlfarth)

»Wenn die Spieler im Urlaub etwas getan haben, dann können wir uns in Dubai Waldläufe ersparen.«

(Felix Magath)

»Basler ist die teuerste Parkuhr der Welt. Er steht rum und die Bayern stopfen Geld rein.«

(Max Merkel)

Spielte schon in der Jugend vom 1. FC Kaiserslautern: Mario Basler.

»Ich hab früher schon in der Westkurve gestanden und Lothar Matthäus beschmissen.«

(Mario Basler)

»Das ist eine Entscheidung, die gut ist. Ich hoffe, das klappt im Winter bei Schnee auch.«

(Stuttgarts Trainer Armin Veh zur Einführung des Freistoßsprays)

Meistertrainer Armin Veh: Autogrammkarte aus der Saison 2007/08

»Ich rotiere höchstens, wenn ich Opfer des Rotationsprinzips werde.«

(Oliver Kahn)

»Der Trapattoni spricht mittlerweile besser Deutsch als der Augenthaler bei der Brotzeit.«

(Max Merkel)

»Arjen Robben wird jetzt nicht mehr gedoppelt, mittlerweile wird er sogar schon gedrittelt.«

(Fritz von Thurn und Taxis)

Toni Schumacher im Januar 1984 mit dem »Bravo«-Otto

»Mit mir kriegt man keine Probleme. Man muss nur machen, was ich will.«

(Toni Schumacher)

»Liebe machen und Tore schießen sind die schönsten Dinge, die Gott uns gegeben hat.«

(Luca Toni)

»Es ist ein Sehnenabriss am Schambeinknochen. Hört sich lustig an – ist aber trotzdem beim Fußball passiert.«

(Thomas Strunz)

Vor einem Spiel seiner Bayern trifft Trainer Erich Ribbeck auf den Lauterer Coach Rainer Zobel: »Warum bist du denn ganz in Schwarz gekleidet?« Antwort von Zobel: »Ich bin Bayern-Fan.«

»Ein Bergmann in Bochum, also mitten im Ruhrgebiet, das sollte passen.«

(Jörg Schmadtke, Sportdirektor bei Hannover 96, kommentiert den Wechsel seines Amateurtrainers Andreas Bergmann zum VfL Bochum.)

Jörg Schmadtke in der Saison 1992/93 im Tor von Fortuna Düsseldorf

Und 2009 als neuer Manager von Hannover 96 mit Klubboss Martin Kind

»Bemerkenswert finde ich die Tatsache, dass 3.000 unserer Fans in St. Pauli waren, und davon waren höchstens 2.000 wegen der Reeperbahn da.«

(Hans Meyer, Trainer von Borussia Mönchengladbach)

Gladbach verliert 2:3 in Leverkusen gegen knüppelharte Bayer-Spieler, und Ewald Lienen serviert das Bonmot des Tages: »Der Konzern schädigt die Umwelt und die Mannschaft den Fußball!«

»Wenn ich fünf Tore schieße, muss ich meine Freundin heiraten.«

(Gladbachs Kasper Bøgelund)

Saison 1993/94

Saison 2011/12

Saison 2012/13

FC-Coach Holger Stanislawski zur Vertragsverlängerung mit dem 33-jährigen Kevin McKenna: »Wir nehmen nur noch ganz alte Spieler. McKenna ist alt, staubt ja manchmal schon mal. Ich glaube, dass jung überschätzt wird. Das Entscheidende ist: alt, Erfahrung, langsam, verletzungsanfällig. Alles das, was scheiße ist, werden wir jetzt versuchen, in diese Mannschaft einzubauen. Deswegen auch mit Kevin McKenna die Vertragsverlängerung. Wir möchten, dass er seine Goldene Hochzeit mit dem 1. FC Köln hier feiert, als Spieler, nicht in einer anderen Funktion. Eigentlich bis zum Ende!«

»Oh, das ist meine Frau. Die will fragen, ob ich morgen noch eine Arbeit habe.«

(Kölns Trainer Ståle Solbakken, als sein Handy während der Pressekonferenz nach einer Niederlage beim Aufsteiger FC Augsburg klingelt)

»Jede Seite hat zwei Medaillen.«

(Mario Basler)

»Letzte Woche mal eine Minute mehr, heute mal früher Schluss gemacht. Alle wollen flexible Arbeitszeiten. In der Bundesliga haben wir sie.«

(Klaus Allofs)

»Das beste Trainingslager ist eine Frau – die eigene natürlich.«

(Willi Lemke)

Den Bremern wurde es nie langweilig, als sie ihren Marko Arnautovic hatten. Wöchentlich sorgte er mit ausgefallenen Aktionen für Schlagzeilen. Kurz vor Ende einer Saison schoss Arnautovic aber wieder einmal den Vogel ab. In seinem Garten spielte er mit seinem dreijährigen Schäferhund Santos. Ein echter Bälle-Narr wie sein Herrchen. Beide tollten auf dem häuslichen Grün herum, als es passierte: Arnautovic nahm den Ball in die Hand, lief vor Santos weg, blieb in einem Loch im Rasen hängen, verdrehte sich das Knie und fiel mit einem Innenband-Riss wochenlang aus. Arnautovic: »Der Hund kann aber nix dafür!«

»Ein Foul, so schmutzig, dass Charlotte Roche überlegt, ein Buch darüber zu schreiben …«

(Der »11Freunde«-Liveticker über ein Foulspiel bei der Partie des SV Werder gegen Eintracht Frankfurt)

Autogrammkarten von Rudi Völler als Spieler bei Werder Bremen (Saison 1985/86) und als Sportdirektor von Bayer Leverkusen (Saison 2015/16)

»Die haben so viel Geld ausgegeben für das Stadion. Kleiner Tipp: das nächste Mal richtige Netze kaufen.«

(Rudi Völler nach dem Phantomtor von Hoffenheim)

»Wenn sogar Eier eine Schale haben, wollen wir auch eine.«

(Schalker Fan-Plakat bei einem Spiel gegen Mönchengladbach)

Weil Thorsten Legat im Fitnessraum seines früheren Vereins, VfB Stuttgart, auf ein Poster, das seinen dunkelhäutigen Mannschaftskollegen Pablo Thiam mit einer Trinkflasche in der Hand zeigt, das Wort »Negersaft« geschrieben hat, muss er die Schwaben verlassen. Nun spielt er beim FC Schalke 04 und hat wieder nur Unsinn im Kopf. Als das offizielle Mannschaftsfoto der Schalker geknipst werden soll, raunt ihm von der Seite sein Mitspieler Olaf Thon zu: »Legat, wenn du deine Hose bis zum Anschlag hochziehst, bekommst du von mir 500 Mark!« Aus dem Hintergrund schaltet sich Andreas Möller ein: »Ich erhöhe auf 1.000, Thorsten!« Da lässt sich Legat nicht lange bitten, schiebt das Hemd in die Hose und zieht diese bis unter die Achseln hoch. Und tatsächlich schafft es Legat mit dieser Aktion unbemerkt in das »Kicker«-Sonderheft. Dumm nur, dass Manager Assauer, als er das Magazin in den Händen hält, nicht viel Sinn für Humor zeigt: »Mensch, Thorsten, was haste jetzt wieder angestellt? 20.000 Mark Geldstrafe, 5.000 Mark in die Mannschaftskasse und noch ein Essen für alle obendrauf.« Als Legat noch kurz einwendet, dass sich das für ihn aber nicht rentieren würde, da er doch nur 1.000 Mark bekommen hätte für die Wette, schmeißt ihn Assauer hochkant aus seinem Büro.

Autogrammkarte der Saison 1996/97

Das besagte Schalker Mannschaftsfoto der Saison 2000/01

»Vielleicht ähnelt mein Körper ein bisschen einem Auto mit Ferrari-Motor und Golf-Chassis.«

(Christan Pander versucht seine Verletzungsanfälligkeit zu erklären.)

»Meine Spieler haben heute während des Spiels die Zeit totgeschlagen und dabei leider auch einige Mitglieder der Gegenmannschaft verletzt.«

(Jupp Heynckes)

»Wenn der Oli Kahn den Arm hebt, dann ist Abseits.«

(Michael Frontzeck)

Das »Bundesliga-Magazin« mit einer Titelstory über Heynckes ein Jahr nach seinem größtem Erfolg: dem Triple 2013

»Ja, auf jeden Fall. Ich habe mit ihm aber nicht zusammengespielt!«

(Dede auf die Frage, ob er Udo Jürgens kenne, der als Stargast bei der 100-Jahr-Feier des BVB auftrat)

»Vierzig Jahre keine Südfrüchte – und jetzt das!«

(Hans Meyer während eines Trainingslagers in Portugal vor einem Apfelsinenbaum)

»Ich hatte es im Adrenalin, dass Roman den hält.«

(Kevin Großkreutz)

Die Meisterschaft 2011 feierte Großkreutz mit einer besonders schönen Frisur.

»Was nützt der schönste Teller, wenn nichts zum Essen darauf ist.«

(Friedel Rausch, nachdem ein Spiel trotz guter Leistung verloren wurde)

War schon fast überall in der Bundesliga aktiv: Ewald Lienen. Hier eine Autogrammkarte aus seiner Zeit beim MSV Duisburg (1987 bis 1992).

»›Müsli-Ewald‹, wie wir ihn nannten, fühlte sich berufen, vor allem uns jüngere Spieler von den angeblich unschlagbaren Vorteilen eines frisch gemahlenen Müslis zu überzeugen. Gesunder Ernährung war ich als Leistungssportler natürlich nicht generell abgeneigt, aber Ewald ging mir damals doch ziemlich auf den Keks. Während wir anderen versuchten, ein kleines Mittagsschläfchen zu halten, röhrte aus Ewalds Zimmer die mitgebrachte Müsli-Maschine. Wie viele schlechte Träume das Teil ausgelöst hat, möchte ich gar nicht wissen.«

(Mannschaftskamerad Uli Borowka in seinem Buch »Volle Pulle«)

Stepi während der Saison 1993/94 als Trainer von Bayern Leverkusen

»Ich würde Helmut Kohl gerne einmal kennenlernen. Der wird genauso oft angefeindet wie ich. Aber da habe ich wohl keine Chance, weil der Bundeskanzler ja schon Berti Vogts adoptiert hat.«

(Dragoslav Stepanovic)

»Für mich war es wichtig zu sehen, dass ich konditionell mithalten konnte.«

(Axel Kruse nach einem **13-SEKUNDEN***-Einsatz auf die Frage, ob sich die Einwechselung eigentlich gelohnt habe)*

Starschnitt
Uli Borowka

Der alte Haudegen Uli wird nicht umsonst als Meister des Dirty bzw. Trash Talks bezeichnet. Seine Gegenspieler begrüßte er bereits vor dem Spiel sehr handfest. Andreas Möller soll sich mal beim Gang aus den Katakomben des Weserstadions beschwert haben, dass der Weg hinaus zum Rasen so weit sei. Borowka lächelte Möller damals an und erwiderte: »Keine Sorge, Andy, zurück wirst du getragen!«

Auch der Schalker Olaf Thon erinnert sich genau an den Werder-Recken. Bei seinem allerersten Bundesligaspiel war Borowka sein Gegenspieler und er empfing ihn mit den Worten: »Ich brech' dir gleich beide Beine!«

Nur ein einziger Spieler konnte es mit Borowka aufnehmen, wie er selbst erzählt: »Beim Spiel in Leverkusen haut mich Ulf Kirsten in der ersten Minute mit Karacho über die Bande. Ich denk, was ist denn jetzt los, und sag zu Ulf: ›Sag mal, spinnst du? Ich habe doch noch überhaupt nix gemacht?!‹ Da schaut der Ulf mich lächelnd an und meint: ›Das ist noch fürs letzte Mal, Uli!‹«

»Auch wenn wir heute verlieren, einer von euch kommt heute noch ins Krankenhaus.«

»Ich habe jetzt 'ne Titanplatte im Fuß, damit es am Schienbein des Gegenspielers besser klingelt.«

Starschnitt

Jürgen Klopp

»Es ist hinreichend bekannt, dass Jürgen Klopp der einzige Bundesligatrainer ist, der keine Maske tragen muss, um die Kinder an Halloween zu erschrecken.«

(Der britische »Guardian« über Jürgen Klopp)

Vor laufenden Kameras fällt Superstar Zlatan Ibrahimovic auf der FIFA-Fußball-Gala im Januar 2014 in Zürich dem BVB-Trainer um den Hals. Der Schwede lächelt Klopp an: »Sag mal, wann holst du mich denn endlich nach Dortmund?« Klopp taumelt leicht irritiert zurück, schüttelt weiter Ibras Hand und stammelt dann: »Na ja, dafür müsste ich erst meine komplette Mannschaft verkaufen.« Ibrahimovic schüttelt den Kopf: »Ach, ich komme doch umsonst. Das sollte jetzt nur nicht der Präsident von Paris hören.«

Ibrahimovic bietet sich BVB-Trainer Klopp an.

»Ich war fußballerisch noch limitierter als Jürgen Klinsmann. Aber immerhin habe ich es auf 325 Zweitligaspiele gebracht, ohne einen einzigen Trick zu beherrschen.«

»Das ist wie im Leben. Wenn heute die Waschmaschine kaputt ist, ist morgen der Trockner im Arsch. Und dann gibt der Fernseher den Geist auf.«

(Über das Verletzungspech seiner Mannschaft)

Fußballerisch limitiert: Jürgen Klopp während der Saison 1998/99 im Trikot von Mainz 05

Frankfurts Charly Körbel spielte einmal acht Wochen mit einem Bänderriss im rechten Knöchel, weil er sich nicht traute, seinem Trainer Gyula Lorant etwas zu sagen. Als der Mannschaftsarzt schließlich die Initiative ergriff, antwortete der Ungar nur: »Boxer kämpfen auch mit Platzwunde, soll Charly Zahnpasta auf Fuß schmieren.«

»René Botteron – gekommen von mir als Champagner, jetzt spielen wie Mineralwasser!«

(Tschik Cajkovski)

Litti auf dem »Borussia-Magazin« im April 1993

»Ich würde uns durchaus mit Bayern München vergleichen. Nur, dass wir die Tore kassieren, die die schießen.«

(Pierre Littbarski)

»Wenn Sie zu Hause einen Nagel in die Wand schlagen, voller Überzeugung, und stellen dann fest, das Bild passt nicht. Dann können Sie den Nagel rausziehen, aber das Loch bleibt.«

(Mirko Slomka flüchtet sich in Philosophien.)

»Wer redet denn da noch? Die sind doch alle im Gefängnis.«

(Horst Heldt zum Vorschlag des FIFA-Exekutivkomitees, das Teilnehmerfeld einer WM von 32 auf 40 Teams aufzustocken)

Bernd Schuster im Juli 1993 mit einem Exklusiv-Interview in der »Sportbild«

»Sportlich Franz Beckenbauer, persönlich meine Frau Gaby.«

(Bernd Schuster, 1980, auf die Frage nach seinem größten Vorbild)

»Ganz rein?«

(Toni Sailer zu Wolfgang Wolf, der ihn einwechseln wollte)

»Wenn es geregnet hat, sind wir schon mal frühstücken gegangen statt auf den Trainingsplatz. Und es hat oft geregnet in Bremen.«

(Rudi Völler über seinen Ex-Trainer Otto Rehhagel, dessen Trainingsmethodik er sehr schätzt)

»Ich bezweifle, dass Matthäus je eine Vereinsbilanz in Händen gehalten hat oder diese überhaupt fehlerfrei lesen kann.«

(Schalke-Sportvorstand Horst Heldt ist im Januar 2016 ziemlich genervt von Loddars Kritik an seiner Arbeit.)

»Der Jürgen Klinsmann und ich, wir sind ein gutes Trio. Ich meine: ein Quartett.«

(Fritz Walter jun.)

Fritz Walter spielte für Waldhof Mannheim, den VfB Stuttgart und Arminia Bielefeld in der 1. Bundesliga.

Autogrammkarte von Überkinger (Mineralwasser-Hersteller) aus den 1980er Jahren

»Der laufstärkste Zuschauer in der BayArena.«

(Das »Hamburger Abendblatt« über Sergej Barbarez)

»Schalke wollte mich unbedingt, aber aus Respekt vor den Fans des BVB habe ich diese Möglichkeit nicht in Betracht gezogen. Ich glaube immer daran, dass es im Fußball und im Leben um mehr geht als nur um Geld.«

(Jakub Blaszczykowski nach seinem Wechsel zum AC Florenz – Schalke dementierte das angebliche Interesse anschließend.)

»Wenn mein Sohn Schalke-Fan wird, kommt er ins Heim.«

(Kevin Großkreutz)

Bestritt 31 Länderspiele für Deutschland und schoss dabei drei Tore: Sebastian Kehl.

»Im Hinspiel haben wir noch mit irgendeiner Kette verteidigt.«

(Jens Lehmann)

»Es ist immer ein schönes Gefühl, den Oli hinten drin zu haben.«

(Sebastian Kehl)

»Ich grüße meine Mama, meinen Papa und ganz besonders meine Eltern.«

(Mario Basler)

Der große, alternde Star Horst Szymaniak antwortet auf die Frage, wie er denn mit der Lage bei Tasmania umgehe, ganz einfach voller Selbstironie: »Alles wunderbar. Wir peitschen doch die gesamte Bundesliga vor uns her!«

Sammelbild von Horst Szymaniak im Trikot vom »ewigen letzten« Tasmania Berlin

Schiedsrichter

Frankfurts Bernd Hölzenbein fällt im gegnerischen Strafraum. Schiedsrichter Walter Eschweiler eilt umgehend zum gestürzten Eintracht-Profi und beugt sich zu ihm hinunter: »Bernd, stehen Sie schnell wieder auf. Das sitzt noch nicht richtig, das müssen wir noch einmal üben!«

»Daran sind nur die Schiedsrichter schuld, da bin ich ganz selbstkritisch.«

(Markus Osthoff zu seinen vielen Gelben Karten)

»Du kleine Wurst! Bei uns im Hotel ist noch ein Posten als Kellner frei, du Vollidiot.«

(Werders Co-Trainer Matthias Hönerbach beschimpft nach einem Testspiel den Schiedsrichter.)

Wolfgang Overath: »He, Aldinger, jetzt hast du wohl gerade deine schwachen zehn Minuten.« Heinz Aldinger: »Und du, Overath, spielst schon 70 Minuten Scheißdreck.«

»Wir haben nicht das Recht, jede Entscheidung des Schiedsrichters zu kommentieren. Der lacht sich ja auch nicht tot, wenn wir einen Fehlpass spielen.«

(Ewald Lienen)

»Ich werde dem Schiedsrichter meinen Optiker empfehlen.«

(Jürgen Kohler)

»Nachdem die größte Witzfigur, die ich seit 35 Jahren kennengelernt habe, das Fußballspiel Fortuna Köln gegen Hertha BSC abgepfiffen hat, eröffne ich die Pressekonferenz.«

(Jean Löring)

Schabernack mit Schiri Walter Eschweiler: Weil Gustav Sträter, der Stadionverwalter von Borussia Dortmund, sauer auf den schwarzen Mann ist, rächt er sich auf eine besondere Art. Als der Schiedsrichter unter der Dusche steht, stellt Sträter die Warmwasserzufuhr einfach aus. Eschweiler flucht lautstark, Sträter freut sich, dreht wieder auf warm und hat seinen Trainer begeistert. Karl-Heinz Feldkamp: »Wenn der Sträter das mit allen Schiedsrichtern so macht, die hier schlecht pfeifen, dann lasse ich mir das gefallen!«

»Ich war nicht damit einverstanden, dass der Schiedsrichter gegen uns einen Freistoß gegeben hat. Da habe ich ihn einen ›MIXER MIT W‹ genannt. Ich glaube, das war ziemlich dumm …«

(Erik Meijer über eine Rote Karte)

»Ich habe zum ersten Mal gegen eine Mannschaft mit schwarzen Trikots gespielt. Das ist ja schlimm, man denkt, da laufen lauter Schiedsrichter herum.«

(Ingo Anderbrügge)

Walter Eschweiler

Starschnitt
W.-D. Ahlenfelder

»Wenn ich als Schiri in der Bundesliga zum Einsatz kam, benutzte ich immer eine italienische Polizeipfeife. Wenn ich da reingeblasen habe, gingen den Spielern die Schnürsenkel auf.«

»Hömma, Jupp. Ein bissken ruhiger jetzt. Wir wollen doch gleich noch schön ein Pott Bierchen zusammen schlürfen, oder nicht?«

(Ahlenfelder zu Jupp Tenhagen, der kurz vor einem Platzverweis stand)

»Ich habe dem Otto Rehhagel früher gesagt, wenn du nicht sitzen bleibst, kriegste Pattex unter den Hintern.«

Eine der schönsten Anekdoten der Schiedsrichterlegende Wolf-Dieter Ahlenfelder hat sich auf dem Betzenberg zugetragen, wie Ahli selbst erzählt: »Da kam dann natürlich der Einsatzleiter rein mit so 'nem Walki-Talki und wat nicht alles und sagte: ›Herr Ahlenfelder, wir haben heute einen Großeinsatz hier!‹ ›Ja, ich sag, ja und?‹ ›Wie wollen wir das denn händeln hier? Wie soll das denn überhaupt vonstatten gehen?‹ Ich sag: ›Mach doch kein Scheiß da. Leere Pullen sofort, puhhff, zurück.‹ ›Wat?‹ ›Ich sag, sofort zurück.‹ ›Ja, und volle?‹ ›Ich sag: Einsammeln. Einsammeln. In der Halbzeit werden wir uns lecker einen kredenzen.« (Typische Bewegung mit gespreiztem Daumen und Zeigefinger zum Mund)

Paul Breitner: **»Du pfeifst wie ein Arsch!«**
Ahlenfelders schlagfertige Antwort:
»Und du spielst wie ein Arsch!«

»Sie hat immer gefragt: ›Wann spielst du wieder?‹ Das ging mir schließlich auf die Nerven.«

(Günter Breitzke auf die Frage, warum er sich von seiner Freundin getrennt habe)

»Pommes und Pils, so konnte ich prima leben. Aber man wird reifer, lassen wir also die Pommes.«

(Michael Tönnies, Spieler vom MSV Duisburg)

»Was heißt brutto oder netto? Bar auf die Hand will ich's!«

(Rüdiger Abramczik)

Julio Cesar war immer Brasilianer – nicht nur im Urlaub (vgl. Dante).

Trainer Hitzfeld über seinen auch beim weiblichen Geschlecht sehr beliebten BVB-Star Julio Cesar: »Julio hat für jedes Körperteil ein eigenes Duftwasser!«

»Wenn die Herren Niebaum/Meier erzählen: ›Morgen scheint die Sonne‹, packst am besten gleich den Regenschirm ein. Die verkaufen einem auch eine Banane als Blasinstrument …«

(Max Merkel)

»Mailand oder Madrid – Hauptsache Italien!«

(Andreas Möller)

»Wenn du früher zum Trainer gesagt hast, du hast Kopfschmerzen, hat der gesagt: ›Geh ans Kopfballpendel, dann gehen die weg.‹ Und heute? Da schickt er dich zur Kernspintomografie …«

(Walter Frosch)

Der legendäre Spieler von St. Pauli und Kaiserslautern während eines Alte-Herren-Spiels auf der Bank

»Ich habe einen Zahnarzttermin, bekomme ein neues Gebiss. Ich werde nicht beim Training sein. Schreibt deshalb nicht, ich wäre gefeuert.«

(Hans Meyer)

Die Gladbach-Anhänger zelebrieren den Abstieg ihres Klubs mit einem Schuss Galgenhumor. Auf die Melodie des alten Schlagers »Mendocino« dichten sie den neuen Klassiker »Unterhaching« mit der Liedzeile: »An jeder Tür klopfe ich an, doch keiner kennt den Weg nach Unterhaching.«

»Na, Herr Chapuisat, hat denn Berti Vogts schon bei Ihnen angeklopft?«

(»Sportstudio«-Moderatorin Christine Reinhardt zum Schweizer Nationalspieler)

Autogrammkarte der Saison 1994/95

»Ich glaube, jetzt haben wir alle Masken durch.«

(BVB-Trainer Jürgen Klopp über die Batman-Verkleidung von Torschütze Aubameyang beim 3:0 gegen Schalke. Der Comic-Liebhaber hatte auch schon mal mit einer Spider-Man-Maske einen Treffer bejubelt.)

Beim Stand von 7:0 für Borussia Mönchengladbach läuft Trainer Otto Rehhagel an diesem unvergesslichen 29. April 1978 im Düsseldorfer Rheinstadion aufgeregt zur Bank und sagt zu Siggi Held: »Siegfried, machen Sie sich warm. Sie kommen gleich.« Doch Held macht angesichts der deprimierenden Geschehnisse auf dem Rasen keine Anstalten, irgendetwas zu tun, schon gar nicht aufzustehen.

Nachdem Rehhagel einige Meter auf der Tartanbahn des Rheinstadions zurückgelegt hat, steuert er erneut auf seinen Spieler zu: »Hören Sie nicht? Sie sollen sich warm machen, Siegfried. Ich bring Sie gleich!« Held zupft an seinen üppigen Augenbrauen, lehnt sich in Ruhe zurück und sieht, wie die Tore acht und neun gegen seine Mannschaft fallen. Otto Rehhagel ist nun endgültig bedient. Mit Riesenschritten rennt er zur Bank, packt sich seinen tatenlosen Stürmer und raunt ihm zu: »Sie wollen mich wohl verarschen, oder?!« Siegfried Held erhebt sich langsam von seinem Platz auf der harten Holzbank, schaut Rehhagel ruhig ins Gesicht und sagt: »Trainer, mal ehrlich, soll ich die Scheiße etwa noch umbiegen, oder was?!« Die Partie endet 12:0!

»Borussia Live« im Januar 2000 mit Stefan Reuter auf dem Cover

»Zwei Blinde sehen auch nicht blinder als einer.«

(Stefan Reuter über den Vorschlag, zwei Schiedsrichter einzusetzen)

»Bei uns wird auf dem Platz zu wenig gesprochen. Das könnte an der Kommunikation liegen.«

(Erich Ribbeck)

»Ich mache donnerstags Sex, wenn ich samstags spiele. Freitags nicht.«

(Tinga)

»Der glüht ja wieder wie 'ne Osram-Birne.«

(Wolfram Wuttke über Jupp Heynckes' roten Kopf)

»Ich wurde schon gefragt, ob wir auf den Nichtabstieg anstoßen. So blöd sind wir dann doch nicht.«

(Jürgen Klopp nach dem 3:2-Sieg in Hannover in der Saison 2014/15)

»Ich will jetzt nicht sagen, ich bin der tollste Torhüter. Aber ich habe bisher noch keinen kennengelernt, der von seinem Können her kompletter ist als ich.«

(Jens Lehmann)

Starschnitt
Uwe Seeler

»Pass auf, Dicker. Wenn du mich weiter so anmachst, dann flanke ich in Zukunft zehn Zentimeter höher und dann wollen wir doch mal sehen, wie viele Tore du noch machst!«

(HSV-Spieler unter sich: Charly Dörfel zu Uwe Seeler)

»Wenn sich der Gegner hinten etwas entblößt, ist es einfacher für unsere Jungs.«

»Der Uwe ist ein Schatz. Ich weiß nicht, ob es einen perfekten Menschen gibt. Den Papst vielleicht. Aber dann kommt gleich Uwe Seeler.«

(Franz Beckenbauer)

»Ich entscheide die großen Dinge und meine Frau die kleinen. Welche Dinge groß und welche klein sind, entscheidet meine Frau.«

Das HSV-Vereinsmagazin zum 60. Geburtstag von »Uns Uwe« im Oktober 1996

»Mein Motto war immer: Wer sein Glück nicht richtig genießt, der kriegt garantiert Verdauungsschwierigkeiten.«

Im Spiel des 1. FC Köln gegen Braunschweig fliegt Eintracht-Profi Peter Geyer vom Platz. Aber weswegen? Geyer meint, er habe gesagt: »Was ihr pfeift, ist reine Heuchelei!« Schiedsrichter Brehm hat sich allerdings etwas ganz anderes notiert: »Geyer hat zu meinem Kollegen wörtlich gesagt: ›Ihr drei seid ganz dreckige Zigeuner!‹«

»Ich sehe in der Bundesliga Spieler, denen springt beim Stoppen der Ball weiter vom Fuß, als ich ihn jemals schießen konnte.«

(Horst Köppel)

Autogrammkarte aus der Saison 1994/95

»Ich bin kein Nazi, aber diesem Mann, der den Ribéry entdeckt hat, dem muss man ein Ritterkreuz mit Eichenlaub und Brillanten geben.«

(Udo Lattek)

Ein Tontechniker erlaubt sich beim Mikrofoncheck auf der ersten Pressekonferenz mit Neu-Trainer Magath in Wolfsburg einen Scherz, als er vor versammelter Medienschar in die akustischen Verstärker haucht: »Eins, zwo, drei, eins, zwo, drei, Medizinball!«

»Ich habe ihn das erste Mal im November 2002 kennengelernt. Da saß ich neben ihm. Und das erste Mal, dass er mit mir gesprochen hat – das war dann so 2005.«

(Bastian Schweinsteiger über Oliver Kahn)

Oliver Kahn während der Saison 1991/92, noch im KSC-Tor

Starschnitt
Mehmet Scholl

»Ronaldo? Da hätte früher der Jens Jeremies gesagt: ›Dass mir den ja niemand anfasst. Der gehört mir!‹«

(Während einer Fernsehübertragung über Cristiano Ronaldo)

Duplo-Sammelbild zur EM 1996

»Die schönsten Tore sind diejenigen, bei denen der Ball schön flach oben reingeht.«

»Ich hatte noch nie Streit mit meiner Frau. Bis auf das eine Mal, als sie mit aufs Hochzeitsfoto wollte.«

»Spielerfrau.«

(Auf die Frage nach seinem Lieblingsberuf)

»Lieber ewiges Talent als gar kein Talent.«

»Ich fliege irgendwo in den Süden – vielleicht nach Kanada oder so.«

»Es ist mir völlig egal, was es wird. Hauptsache, er ist gesund.«

(Als werdender Vater)

Scholl als Neu-Bayern-Spieler in typischer Landestracht (September 1992)

Bayerns Abwehrspieler Tobias Rau ist vom Pech verfolgt. Zwei Muskelfaser- und zwei Muskelbündelrisse lassen ihn in München einfach nicht zum Einsatz kommen. Die Verletzungen sind angesichts einer sehr starken Konkurrenz ein weiteres großes Handicap für ihn. Doch Rau nimmt die Sache mit Humor: »Ich habe bei den Bayern jedenfalls einiges mehr gerissen als Kahn und Ballack zusammen.«

Tobias Rau wechselte 2003 von Wolfsburg zum FC Bayern und absolvierte sogar sieben Länderspiele.

»Zuerst hatten wir kein Glück, und dann kam auch noch Pech dazu.«

(Jürgen Wegmann)

»Wie soll das denn dann heißen? Ernst-Kuzorra-seine-Frau-ihr-Stadion?«

(Johannes Rau über den Vorschlag, Stadien häufiger nach Frauen zu benennen)

»Also, trainieren tun wir das nicht.«

(Trainer Jürgen Kramny zum bereits sechsten Eigentor seines VfB Stuttgart in der Saison 2015/16)

»Es ist noch nicht der Zeitpunkt, dass ich anfange, mich selbst zu belügen. Das kommt dann Montag oder Dienstag.«

(Schalkes Sportvorstand Horst Heldt, nach einem 2:3 gegen Leverkusen im April 2016 auf die Frage, ob die erste Spielhälfte Mut mache oder er sich wegen der zweiten sorge)

Wochen und Monate wird darum gefeilscht, ob Armin Veh seinen Vertrag bei der Eintracht verlängert oder ob er geht. Irgendwann sagt Heribert Bruchhagen: »Wir haben ja schon eine Vielzahl an Gesprächen geführt, um Armin Veh hier zu behalten. Da habe ich mir jetzt gedacht, dass ich ihm damit drohe, seinen Hund im Main zu ertränken, wenn er nicht bleibt!« Die Antwort von Veh: »Ich merke schon, dass Heribert meinen Hund nicht kennt. Wenn die beiden sich treffen, dann liegt er nämlich im Main …«

»Ich kann mich an kein Spiel erinnern, bei dem so viele Spieler mit der Barriere vom Platz getragen wurden.«

(Dortmunds Michael Lusch)

»Es wird jetzt viel versucht von außen zu interpretieren nach innen.«

(Martin Wagner, Deutscher Meister mit dem 1. FC Kaiserslautern)

Panini-Sammelkarte der Saison 1995/96

»Schau mal in den Spiegel, Breitner, dann weißt du Bescheid.«

(Wolf-Dieter Ahlenfelder zu Paul Breitner, der ihn mehrfach mit »du Affe« angesprochen hatte)

»Ich denke, dass wir eine Mannschaft sind, die Spiele gewinnen kann, aber auch verlieren kann.«

(HSV-Trainer Bruno Labbadia)

Paul Breitner als Löwenbändiger während seiner Zeit bei Eintracht Braunschweig (Saison 1977/78)

»Dressels Beitrag zum Mozart-Jahr: ein Foul aus dem Knöchelverzeichnis.«

(Werner Hansch)

Am 24. Februar 1973 steht die Partie des FC Schalke 04 gegen den FC Bayern München kurz bevor. Da ereilt den Stadionsprecher eine furchtbare Nachricht: Auf der Trabrennbahn in Gelsenkirchen ist ein Brand ausgebrochen. Der Rennbahninspektor und ehrenamtliche Stadionsprecher auf Schalke eilt überstürzt von dannen und schickt den eigentlichen Bahnsprecher, der durch den Brand entbehrlich geworden war, den Pferdeexperten Werner Hansch. Von Fußball hat dieser keine Ahnung. Doch er macht seine Sache gut – bis zu diesem einen legendären Moment, als es plötzlich ganz still wird auf Schalke. **»Mit der Startnummer 1, Norbert Nigbur…«**, verkündet Hansch über die Lautsprecherboxen und muss irritiert mit ansehen, wie sich die Leute vor Lachen die Bäuche halten. Mit einem einzigen Satz hat sich der spätere TV-Kommentator an diesem unvergesslichen Nachmittag einen Platz im ewigen Fußballhimmel gesichert.

Werner Hansch mit dem Schalker Klaus Fichtel im August 1986

Es sind die Sekunden, als Netradio-Reporter Boris Rupert bundesweit zur Legende wurde. Wochenlang wird sein Kommentar in den Rundfunkstationen landauf, landab rauf und runter gespielt: »Lars Ricken treibt den Ball über die Mittellinie, halblinke Position. Christoph Metzelder ist mitgelaufen, der steht jetzt siebzehn Meter vor dem Tor, spielt auf Ewerthon – und DER STEHT NICHT IM ABSEITS! Du blinder Linienrichter! Du Blindmann! Verdammt noch mal! Das geht doch auf keine grüne Kuhhaut mehr, was dieser Erpel, Greipel, oder wie der auch immer heißt, sich dahinten zusammenpfeift!«

»Mit Sicherheit führen die schrecklichen Bratwürste auf dem Betzenberg an einem Spieltag zu mehr Lebensmittelvergiftungen als die Rauchbomben aller Vereine zusammen über eine ganze Saison verteilt.«

(Leserbrief in der »Rheinpfalz« im Oktober 2001)

»Es hat nur zweimal geregnet: einmal fünf Tage, einmal acht Tage.«

(Trainer Heinz Höher über ein Trainingslager auf Sylt)

»Wegen Gyula Lorant hätte ich beinahe aufgehört. Er hat mir mal erklärt, dass man einen herausgesprungenen Meniskus am besten mit der Eckfahne wieder reinhaut.«

(Dr. Müller-Wohlfarth)

»Mein schwerster Gegner war immer die Kneipe!«, ist das wohl legendärste Zitat des am 23. November 2013 verstorbenen Walter Forsch.

»Wenn ich so Fußball gespielt hätte wie Berti Vogts, so als reiner Wadenbeißer, dann hätte ich mit 18 Jahren meine Fußballschuhe verbrannt.«

(Klaus Toppmöller)

»Ich werde mir Mühe geben und ab jetzt versuchen, nur noch sympathisch zu grätschen.«

(Jeff Strasser)

»An die fünf lebenswichtigen Bausteine in Nutella.«

(Horst Heldt auf die Frage, woran er glaube)

»Ich lag mal im Krankenhaus, war gerade operiert worden. Er hat kurz gefragt, wie es mir geht – und dann hat er mir sämtliche Fehler der Hinrunde aufgezählt. Aber ich habe geweint, als er gegangen ist, denn ich habe gemerkt: Der meint es gut mit dir.«

(Gerald Asamoah vor seinem Abschiedsspiel über Huub Stevens, seinen ehemaligen Trainer auf Schalke)

Horst Heldt im Mai 1993 auf dem Cover des »Geißbock Echos«

»Ich hatte gedacht, dass die Eintracht sich schon etwas aufgebaut hat, ich war richtig erschrocken: Die hatten nur das ›Kicker‹-Sonderheft.«

(Karl-Heinz Körbel über das Scoutingsystem der Eintracht)

»Die Torhüter spinnen alle ein bisschen. Ich kannte mal einen, der schrieb einen Brief deshalb langsam, weil er wusste, dass seine Mutter nur langsam lesen konnte.«

(Tschik Cajkovski)

Bergmann-Sammelbild von Tschik Cajkovski aus der Saison 1968/69 als Trainer von Hannover 96

Heinz Flohe lobt den RWE-Akteur Hansi Dörre etwas um die Ecke gedacht: »Sein Ruf ist schlechter als seine Spielweise!«

»Man hat Ailton schon in Bremen gesehen, aber er hat offenbar noch keinen Weg gefunden, das Meer zu überwinden.«

(Mediendirektor Tino Polster über den Brasilianer, der noch immer nicht im Trainingslager auf Norderney eingetroffen war)

gesagt, gehört

Legat:

10 000 Mark für die gute Figur

Mit seinem Körper wirbt Legat demnächst für Bodybuilding

● Mit einer guten Figur kann man auch Geld machen. Bestes Beispiel: Bochums Mittelfeldspieler Thorsten Legat. Nach der SPORT-BILD-Geschichte über die Muskelmänner der Bundesliga meldeten sich die Chefs von drei Fitneß-Studios bei Legat, um mit seinem Alabaster-Körper auf Prospekten und in Anzeigen zu werben. Legat stimmte zu und schloß mit ihnen Werbeverträge ab. Sein Honorar: 10 000 Mark.

Vlado Kasalo (links). Sein Mercedes blieb zur Reparatur in Zagreb

»Immer die Castroper Straße rauf.«

(Thorsten Legat auf die Frage, wie er damals in Bochum als junger Spieler zum Bodybuilding gekommen sei)

Thorsten Legat sitzt verletzt im Wartezimmer in München beim Bayern-Arzt Dr. Müller-Wohlfahrt und wartet und wartet. Irgendwann kommt auf einmal der große Schauspieler Pierre Brice, gestützt von seiner Frau, durch die Tür herein. Er schreit vor Schmerzen. Offensichtlich plagt ihn ein Hexenschuss. Seine Frau bittet Legat inständig, ihren Mann vorzulassen. Doch Legat kennt kein Erbarmen und antwortet ohne lange zu überlegen: »Nee!« Etwas nachdenklicher schiebt er hinterher: »Außerdem dachte ich, ein Indianer kennt keinen Schmerz!«

»Als Vorsichtsmaßnahme haben wir unseren Spielern verboten, im Hühnerstall zu übernachten.«

(Werder-Sportchef Klaus Allofs über die Angst vor der Vogelgrippe im türkischen Trainingslager)

»Meine Frau will sich immer mit mir streiten. Dann sage ich: ›Beate, alles unwichtig, der Ball muss ins Tor!‹«

(Otto Rehhagel)

»Das wundert mich nicht. Wir haben die Mannschaft ganz karibisch zusammengestellt.«

(Bochums Manager Klaus Hilpert auf die Frage, warum es beim VfL so gut laufe)

»Links ist ähnlich wie rechts, nur auf der anderen Seite.«

(Patrick Funk)

20.15 Fußball LIVE Relegation Bundesliga. Hinspiel: Eintracht Frankfurt – FC Nürnberg. Moderation: Gerhard Delling. Experte: Mehmet Scholl. Ko... : Tom Bartels

FUSSBALL Nicolai Müller vom Hamburger SV ist in Form

Alle Jahre wieder? Das dachte sich jedenfalls die »Bild« und bebilderte das TV-Programm zur Relegation 2016 zwischen Eintracht Frankfurt und dem 1. FC Nürnberg mit einem Foto eines HSV-Spielers, obwohl der HSV (ausnahmsweise) mal nicht beteiligt war.

»Solange wir an der Spitze bleiben, kann keiner an uns vorbei.«

(Gerald Asamoah)

»Fußball könnte so schön sein, wenn nicht dauernd was Blödes passieren würde.«

(Armin Veh)

»Im Kölner Stadion ist immer so eine super Stimmung, da stört eigentlich nur die Mannschaft.«

(Udo Lattek)

»Die Abwehr von Wolfsburg hat etwas von Swinger-Club. Man weiß nie welches Pärchen randarf!«

(Sport1)

»So geht meine Oma zum Pinkeln.«

(Wolfsburgs Co-Trainer Pierre Littbarski zur Geschwindigkeit von Thomas Kahlenberg)

»Gedacht wie Messi – gespielt wie Chihi.«

(Kommentator Michael Born)

»Wenn du ins Zelt gehst und es regnet, ist es laut. Wenn du aber im Haus bist mit Ziegeln und einer dicken Wand, ist es leiser.«

(Christian Streich auf die Frage, ob ihn seine Medienpräsenz stört)

»Wer noch ein Feuerzeug braucht – im Tor liegen genug.«

(Schalkes Torhüter Lars Unnerstall, dem in der Schlussphase des Derbys in Dortmund zahlreiche Wurfgeschosse um die Ohren flogen)

»Man macht auch nicht in drei Tagen aus einer Würstchenbude eine Großraumdiskothek.«

(Fortuna Düsseldorfs Trainer Norbert Meier zu den finanziellen Möglichkeiten des Klubs)

»Hoffenheim feiert den Klassenerhalt. Nach Angaben der Polizei wurden die Fans dabei beobachtet, wie sie zusammen ein Sixpack gekauft haben.«

(Hans Sarpei)

»Hurra, wir haben's gefunden!«

(Plakat von Schalke-Fans im Sportpark Unterhaching)

Über den zweifachen Biss des braven Schäferhundes Rex in den Allerwertesten von Friedel Rausch braucht man nicht mehr viele Worte zu verlieren. Die schmerzhaften Minuten des 6. September 1969, als im Stadion »Rote Erde« beim Revierderby Borussia Dortmund gegen den FC Schalke 04 Hunderte von Zuschauern den Platz stürmten und von maulkorbbefreiten Hunden zurückgedrängt werden sollten, sind in das kollektive Gedächtnis der Bundesliga eingegangen. Auch die herrlich-spektakuläre Idee des Schalke-Präsidenten Oskar Siebert, beim Rückspiel vier echte Raubkatzen aus dem Löwenpark Westerholt zu holen und diese auf Höhe der Mittellinie an der Leine von vier Ordnern patrouillieren zu lassen, ist legendär und weithin bekannt.

Doch dass Friedel Rausch noch Wochen nach dem Abklingen der Wundschmerzen weitaus größere Probleme mit sich herumtrug, behielt er lange Zeit lieber für sich. Denn die Neckereien der Gegenspieler nervten ihn in den folgenden Monaten nicht nur, nein, sie waren dem eitlen Sonnyboy auch ein wenig peinlich. Der smarte Friedel Rausch war auf dem Fußballplatz urplötzlich zum Gespött der Leute geworden: »Es war die Hölle. Fast in jedem Spiel kam mein Gegenspieler an und machte ›wuff-wuff‹. Ich war fortan die Lachnummer der Liga.«

Auch seine Schalker Mannschaftskollegen trieben mit Rausch ihren Schabernack. So fragten sie in den Tagen nach dem Vorfall den armen Kumpel scheinheilig: »Friedel, überleg doch mal, der Hund hätte dich vorne rum gebissen …?« Ganz der alte Macho antwortete Rausch, geistig bereits wieder voll auf der Höhe, cool und gelassen: »Dann hätte der Köter seine Zähne verloren …«

»Außer Bruce Lee fürchte ich niemanden.«

(Kyriakos Papadopoulos)

»Ich kriege keine Probleme mit den Spielern. Ich bin ja selber ein Problemfall.«

(Peter Neururer)

»Fußball ist, wenn man in der Halbzeit für ein Würstchen in der Schlange stehen muss.«

(Yves Eigenrauch)

»Da kann man Reit- und Springturniere veranstalten. Mit Fußball hat das nichts zu tun.«

(Lothar Emmerich über die Arena Auf Schalke)

Ein Gastwirt aus Bremen hatte in seinem Lokal eine Tafel angebracht, auf der geschrieben stand: »Hier speiste Rudi Assauer.« So lange, bis ein Gast darunter schrieb: »Deshalb ist er auch nach Schalke gegangen.«

(Aus der »Werder-Revue«, Stadionzeitschrift von Werder Bremen)

»Wenn du zu Frantisek Straka sagst, friss den Gegner auf – dann schluckt der 'ne Portion Knoblauch und frisst den Gegner auf!«

(Trainer Uwe Reinders über den tschechischen Nationalspieler)

»Bin bis 5 Uhr früh in meiner Stammkneipe zu erreichen.«

(Ansage auf Ansgar Brinkmanns Anrufbeantworter)

Ansgar Brinkmann (r.) und Detlev Dammeier feiern den Aufstieg der Arminia 2002 mit Bier und Zigarre in der Kabine.

»Ich sage es mal mit einem Spruch aus der Kreisliga A: Am Ende ist der Pimmel dick!«

(Lewis Holtby)

»Wenn mich der Konopka zu sehr geärgert hat, ist der Berti über die Mittellinie gekommen und hat mich gerächt. Das war zwar gegen meine pazifistische Grundeinstellung, aber tief drinnen habe ich eine leichte Genugtuung gespürt.«

(Ewald Lienen über die früheren Derbys zwischen Gladbach und Köln)

»Ich musste ihm eine Ohrfeige geben. Wie hätte ich das sonst meiner Frau erklären sollen?«

(Youri Djorkaeff, nachdem ihn sein Gegenspieler Thorsten Fink während eines Spiels auf den Mund geküsst hatte)

»Den größten Fehler, den wir jetzt machen könnten, wäre, die Schuld beim Trainer zu suchen.«

(Meint Trainer Charly Körbel)

»Ein Hackentrick von Jürgen Kohler – das kann ja nicht gut gehen.«

(Manfred Breuckmann)

»Die einzig authentische Antwort wäre manchmal ein gepflegter Leberhaken.«

(Jens Todt über die Frage der Reporter nach Spielschluss: »Wie fühlen Sie sich?«)

Als Thorsten Legat beim VfB Stuttgart spielt, wollen die schwäbischen Journalisten natürlich von ihm wissen, ob er schon die regionale Spezialität Spätzle probiert habe. Legat, der Junge aus dem Ruhrgebiet, antwortet ehrlich: »Die hab ich noch nicht probiert, im Allgemeinen mag ich Geflügel aber sehr gerne!«

»Das war eine Hormonausschüttung, wie ich sie zuletzt mit fünf Jahren im Phantasialand hatte.«

(Tobias Levels nach seinem ersten Bundesligator)

»Wenn ich übers Wasser laufe, dann sagen meine Kritiker: ›Und schwimmen kann er auch nicht.‹«

(Berti Vogts)

»Abseits is, wenn dat lange Arschloch zu spät abspielt.«

(Hennes Weisweiler über Günter Netzer)

»Ihr wisst ja, beim Geschlechtsverkehr dürft ihr mich immer stören, aber bei der Fresserei ist es einfach scheiße!«

(Hans Meyer, als Fans ihn beim Mittagessen ansprachen)

»Ich wünsche mir, dass der Rasen im Waldstadion gemäht wird, damit ich meinen Freund Horst Heldt besser sehe.«

(Bayerns Mehmet Scholl hat handfeste Vorstellungen für das neue Jahr.)

»Die einen werden als Abzocker, Heulsusen oder Arbeitsverweigerer geboren. Andere kommen als Torsten Kracht zur Welt.«

(Slogan einer PR-Aktion von Eintracht Frankfurt im Jahr 2000)

Ankündigungsplakat des 1. FC Köln: »DDR-Flüchtlinge haben freien Eintritt!« Darunter handschriftlich: »Haben die nicht schon genug gelitten?«

»Seitdem Uwe Rahn aus Gladbach weg ist, spielt er wie ein arbeitsloser Lehrer. Er hat keine Klasse mehr.«

(Norbert Pflippen)

»Baslers Freistöße sind wie das wirkliche Leben: mal weich und kurz, mal hart und lang.«

(Jörg Wontorra)

»Jetzt haben Sie endlich mal eine Einladung vom DFB bekommen.«

(DFB-Sportrichter Hans Lorenz zu Stefan Kießling vor dessen Aussage in der Phantomtor-Anhörung; es war die Zeit, als er trotz seiner vielen Tore keine Einladung zur Nationalelf bekam.)

Autogrammkarte von Stefan Kießling aus der Saison 2004/05, als er noch für den Club aus Nürnberg spielte

»Das war ein guter Schritt in die richtige Richtung. Aber wir dürfen uns nicht zu sehr in den Himmel schießen.«

(HSV-Spieler Lewis Holtby nach einem 0:0 gegen Bayern München, dem zweiten Punkt im vierten Spiel)

»Der Ünlü ist ja eh ein bisschen kräftiger an den Backen. Dem dürfte der Ramadan ganz gut tun.«

(Jupp Heynckes über seinen jungen türkischen Ersatztorwart Volkan Ünlü)

»Wenn's kalt wird, legt euch einfach auf den Boden. Die haben hier 'ne Rasenheizung.«

(Schalkes Trainer Ivica Horvath vor einer Partie im Münchner Olympiastadion)

»Ihr fünf spielt jetzt vier gegen drei.«

(Fritz Langner)

»Immer, wenn ich breit bin, werde ich spitz.«

(Wolfram Wuttke)

Autogrammkarte der Saison 2011/12

»Das war mal wieder ein ehrliches Fußballspiel und nicht so steril, wie es heutzutage in der Bundesliga ist, wo man schon mit dem Bus in die Kabine reinfährt.«

(VfB-Stürmer Martin Harnik nach einem Pokalspiel beim Regionalligisten Carl Zeiss Jena)

»Scheiß Auslaufen! Lasst uns lieber aussaufen!«

(Bayern-Trainer Udo Lattek nach dem Meisterschaftsgewinn 1987)

Sammelte als Trainer viele Titel und begleitete die Bundesliga anschließend viele Jahre mit seiner DSF-Sendung »Doppelpass«: Udo Lattek.

Drei seiner schönsten Sprüche überhaupt hat Bundesliga-Profi Arno Glesius innerhalb einer Woche geäußert. Am Montag: »Ich habe mein Übergewicht bisher immer gehalten.« Am Mittwoch: »Ich habe mir gerade eine Eigentumswohnung mit Einmachküche gekauft.« Und am Freitag dann die Nummer 3: »Ey, Masseur, hast du mal was zum Infizieren für mich!?«

»Vor Krieg und Oliver Kahn.«

(Mehmet Scholl auf die Frage, vor was er Angst habe)

»Josef, Champions-League-Sieger, ich habe einen Wunsch. Ich möchte, dass du mal ein wenig lockerer wirst. Denn irgendwann kommt der Sensenmann. Du kommst in den Himmel, ich komme in die Hölle. Davor müssen wir noch mal richtig die Sau rauslassen!«

(Hermann Gerland zu Jupp Heynckes)

Jupp Heynckes mit seiner Plattensammlung im Oktober 1971

»Doppelpass alleine? Vergiss es!«

(Lukas Podolski)

Zu den Bayern bringt Jupp Kapellmann auch seinen treuen Begleiter, den Stoffbären »Mister Pitt«, mit. Mit ihm spricht der Profi gerne mitten in der Kabine vor seinen Mannschaftskollegen auf Französisch. Das nervt diese so sehr, dass sie den Stoffbären eines Tages unter die Räder des Mannschaftsbusses legen – doch Kapellmann findet »Mister Pitt« gerade noch rechtzeitig, bevor das Gefährt anrollt. Kapellmanns Hund Noel zerfetzt das Kuscheltier schließlich aus Eifersucht und befreit den Fußballprofi endlich von der »nachpubertären Erscheinung« (O-Ton Kapellmann).

»Spielt's über links. Da ist der Ziege, der kann nix!«

(Franz Beckenbauer vor einem Spiel des VfL Bochum in der Kabine der Blau-Weißen. Der Kaiser hatte dort seinen ehemaligen Assistenten Holger Osieck besucht.)

»Die haben Leute dabei, die mehr Haare am Rücken haben als auf dem Kopf. Da ist natürlich mehr Erfahrung da.«

(Thomas Müller als Erklärung für das Ausscheiden in der Champions League gegen Inter Mailand)

Thomas Müller im Oktober 2011 auf dem Cover der »Sportbild«

Ben Redelings ...

... ist einer der beliebtesten Geschichten-Erzähler des Landes, das wandelnde Lexikon der Fußball-Anekdoten und »der ungekrönte Meister im Aufspüren kurioser Fußballgeschichten« (Deutsche Akademie für Fußballkultur). Regelmäßig schreibt er für das Magazin *11FREUNDE*, den *Reviersport*, *Spiegel Online* und *n-tv.de*. Nach Meinung der *Jungen Welt* tut er dies sogar »um Längen besser als Nick Hornby«.

Seine Fußballabende SCUDETTO sind deutschlandweit bekannt, regelmäßig ausverkauft und genießen Kultstatus.

In den letzten Jahren hat er zahlreiche Bücher im Bereich Fußball veröffentlicht. Darunter den Bestseller »50 Jahre Bundesliga. Das Jubiläumsalbum«. Mit seiner Frau und den beiden Söhnen lebt und arbeitet Ben Redelings in Bochum.

Termine und weitere Infos:
www.scudetto.de

»Unterhaltsam wie eh und je aufgeschrieben, launig zusammengefasst und mit einer Detailliebe für unnützes Wissen. Solches Wissen braucht eigentlich kein Mensch. Fußballfans, für die das Spiel nicht nach 90 Minuten vorbei ist, schon.«
(11 Freunde)

»Perfekt für jeden Hobby-Historiker mit Fußballsucht.«
(WAZ)

ISBN 978-3-7307-0219-2, € 16,90

www.werkstatt-verlag.de